NOVENA A MARIA CHE SCIOGLIE I NODI

SHALOM

ISBN 9788884042590
Per ordinare questo libro citare il codice 8558

Editrice Shalom

Via Galvani, 1
60020 Camerata Picena (An)

Tel. 071. 74 50 440
dal lunedì al venerdì
dalle 9.00 alle 19.00

Numero Verde
800 03 04 05 **solo ordini**

Fax 071. 74 50 140
sempre attivo in qualsiasi ora
del giorno e della notte.

e-mail:ordina@editriceshalom.it
http://www.editriceshalom.it

Indice

Maria ci aiuta a sciogliere i nodi dolorosi della vita

Lasciamoci conquistare dalle parole di papa Francesco nella sua straordinaria catechesi, proposta in occasione della preghiera mariana (organizzata nell'ambito dell'Anno della fede) del 12-13 ottobre 2013, sul ruolo della Vergine che scioglie i nodi dolorosi della nostra vita. Egli, con la semplicità che lo contraddistingue, ci assicura che Maria, «donna di fede, vera credente», scioglie i nodi della nostra vita, anche quelli «più intricati». La commemorazione dell'ultima apparizione della Madonna di Fatima (13 ottobre 1917) si è conclusa con la celebrazione della santa Messa e l'atto di affidamento al Cuore immacolato *(vedi pag. 13)**.*

Cari fratelli e sorelle,
questo incontro dell'Anno della fede è de-

dicato a Maria, Madre di Cristo e della Chiesa, Madre nostra. La sua statua, venuta da Fatima, ci aiuta a sentire la sua presenza in mezzo a noi. C'è una realtà: Maria sempre ci porta a Gesù. È una donna di fede, una vera credente. Possiamo domandarci: come è stata la fede di Maria?

1. Il primo elemento della sua fede è questo: la fede di Maria scioglie il nodo del peccato (cfr. Concilio Ecumenico Vaticano II, Costituzione dogmatica *Lumen gentium*, 56). Che cosa significa? I Padri conciliari [del Vaticano II] hanno ripreso un'espressione di sant'Ireneo che dice: «Il nodo della disobbedienza di Eva ha avuto la sua soluzione con l'obbedienza di Maria; ciò che la vergine Eva aveva legato con la sua incredulità, la vergine Maria l'ha sciolto con la sua fede» (*Adversus haereses* III, 22, 4).

Ecco il nodo della disobbedienza, il nodo dell'incredulità. Quando un bambino disobbedisce alla mamma o al papà, potremmo dire che si forma un piccolo nodo. Questo succede se il bambino agisce rendendosi conto di ciò che fa, specialmente se c'è di mezzo una bugia; in quel momento non si fida della mamma e del papà. Voi sapete quante volte succede questo! Allora la relazione con i genitori ha bisogno di essere pulita da questa mancanza e, infatti, si chiede scusa, perché ci sia di nuovo armonia e fiducia. Qualcosa di simile avviene nel nostro rapporto con Dio. Quando noi non lo ascoltiamo, non seguiamo la sua volontà, compiamo delle azioni concrete in cui mostriamo mancanza di fiducia in lui – e questo è il peccato –, si forma come un nodo nella nostra interiorità. E questi nodi ci tolgono la pace e la serenità. Sono pericolosi, perché da più nodi può venire un groviglio, che è sempre più doloroso e sempre più difficile da sciogliere.

Ma alla misericordia di Dio – lo sappiamo – nulla è impossibile! Anche i nodi più intricati si sciolgono con la sua grazia. E Maria, che con il suo "sì" ha aperto la porta a Dio per sciogliere il nodo dell'antica disobbedienza, è la

Madre che con pazienza e tenerezza ci porta a Dio perché egli sciolga i nodi della nostra anima con la sua misericordia di Padre. Ognuno di noi ne ha alcuni, e possiamo chiederci dentro al nostro cuore: quali nodi ci sono nella mia vita? «Padre, i miei non si possono sciogliere!». Ma questo è uno sbaglio! Tutti i nodi del cuore, tutti i nodi della coscienza possono essere sciolti. Chiedo a Maria che mi aiuti ad avere fiducia nella misericordia di Dio, per scioglierli, per cambiare? Lei, donna di fede, di sicuro ci dirà: «Vai avanti, vai dal Signore: lui ti capisce». E lei ci porta per mano, Madre, Madre, all'abbraccio del Padre, del Padre della misericordia.

2. Secondo elemento: la fede di Maria dà carne umana a Gesù. Dice il Concilio: «Per la sua fede e la sua obbedienza Ella generò sulla terra lo stesso Figlio del Padre, senza conoscere uomo, ma sotto l'ombra dello Spirito Santo» (*Lumen gentium*, 63). Questo è un punto su cui i Padri della Chiesa hanno molto insistito: Maria ha concepito Gesù nella fede e poi nella carne, quando ha detto "sì" all'annuncio che Dio le ha rivolto mediante l'angelo. Che cosa vuol dire questo? Che Dio non ha voluto farsi uomo ignorando la nostra libertà, ha voluto passare attraverso il libero assenso di Maria, attraverso il suo "sì". Le ha chiesto: «Sei disposta a questo?». E lei ha detto: «Sì».

Ma quello che è avvenuto nella Vergine Madre in modo unico, accade a livello spirituale anche in noi quando accogliamo la Parola di Dio con cuore buono e sincero e la mettiamo in pratica. Succede come se Dio prendesse carne in noi, egli viene ad abitare in noi, perché prende dimora in coloro che lo amano e osservano la sua Parola. Non è facile capire questo, ma, sì, è facile sentirlo nel cuore.

Pensiamo che l'incarnazione di Gesù sia un fatto solo del passato, che non ci coinvolge personalmente? Credere in Gesù significa offrirgli la nostra carne, con l'umiltà e il coraggio di Maria, perché lui possa continuare ad abitare in mezzo agli uomini; significa offrirgli le nostre mani per accarezzare i piccoli e i poveri; i nostri piedi per camminare incontro ai fratelli; le nostre braccia per sostenere chi è debole e lavorare nella vigna del Signore; la nostra mente per pensare e fare progetti alla luce del Vangelo; e, soprattutto, offrire il nostro cuore per amare e prendere decisioni secondo la volontà di Dio. Tutto questo avviene grazie all'azione dello Spirito Santo. E così, siamo gli strumenti di Dio perché Gesù agisca nel mondo attraverso di noi.

3. E l'ultimo elemento è la fede di Maria come cammino: il Concilio afferma che Maria «ha camminato nel pellegrinaggio della fede» (*Lumen gentium*, 58). Per questo lei ci precede in questo pellegrinaggio, ci accompagna, ci sostiene. In che senso la fede di Maria è stata un cammino? Nel senso che tutta la sua vita è stata seguire il suo Figlio: lui – lui, Gesù – è la via, lui è il cammino! Progredire nella fede, avanzare in questo pellegrinaggio spirituale che è la fede, non è altro che seguire Gesù; ascoltarlo, lasciarsi guidare dalle sue parole; vedere come lui si comporta e mettere i nostri piedi nelle sue orme, avere i suoi stessi sentimenti e atteggiamenti. E quali sono, i sentimenti e gli atteggiamenti di Gesù? Umiltà, misericordia, vicinanza, ma anche fermo rifiuto dell'ipocrisia, della doppiezza, dell'idolatria. La via di Gesù è quella dell'amore fedele fino alla fine, fino al sacrificio della vita, è la via della croce. Per questo il cammino della fede passa attraverso la croce e Maria l'ha capito fin dall'inizio, quando Erode voleva uccidere Gesù appena nato. Ma poi questa croce è diventata più profonda, quando Gesù è stato rifiutato: Maria sempre era con Gesù, seguiva Gesù in mezzo al popolo, e sentiva le chiacchiere, le odiosità di quelli che non volevano bene al Signore. E questa croce, lei l'ha portata! Allora la fede di Maria ha affrontato l'incomprensione e il disprezzo. Quando è arrivata l'"ora" di Gesù, cioè l'ora della passione: allora la fede di Maria è stata la fiammella nella notte, quella fiammella in piena notte. Nella notte del Sabato Santo Maria ha vegliato. La sua fiammella, piccola ma chiara, è stata accesa fino all'alba della risurrezione; e quando le è giunta la voce che il sepolcro era vuoto, nel suo cuore è dilagata la gioia della fede, la fede cristiana nella morte e risurrezione di Gesù Cristo. Perché sempre la fede ci porta alla gioia, e lei è la Madre della gioia: che ci insegni ad andare per questa strada della gioia e vivere questa gioia! Questo è il punto culminante – questa gioia, questo incontro di Gesù e Maria, ma immaginiamo come è stato… Questo incontro è il punto culminante del cammino della fede di Maria e di tutta la Chiesa. Com'è la nostra fede? La teniamo accesa, come Maria, anche nei momenti difficili, i momenti di buio? Ho sentito la gioia della fede?

Madre, ti ringraziamo per la tua fede, di donna forte e umile; rinnoviamo il nostro affidamento a te, Madre della nostra fede. Amen.

Atto di affidamento a Maria

Beata Maria Vergine di Fatima, con rinnovata gratitudine per la tua presenza materna uniamo la nostra voce a quella di tutte le generazioni che ti dicono beata. Celebriamo in te le grandi opere di Dio, che mai si stanca di chinarsi con misericordia sull'umanità, afflitta dal male e ferita dal peccato, per guarirla e per salvarla. Accogli con benevolenza di Madre l'atto di affidamento che oggi facciamo con fiducia, dinanzi a questa tua immagine a noi tanto cara. Siamo certi che ognuno di noi è prezioso ai tuoi occhi e che nulla ti è estraneo di tutto ciò che abita nei nostri cuori. Ci lasciamo raggiungere dal tuo dolcissimo sguardo e riceviamo la consolante carezza del tuo sorriso. Custodisci la nostra vita fra le tue braccia: benedici e rafforza ogni desiderio di bene; ravviva e alimenta la fede; sostieni e illumina la speranza; suscita e anima la carità; guida tutti noi nel cammino della santità. Insegnaci il tuo stesso amore di predilezione per i piccoli e i poveri, per gli esclusi e i sofferenti, per i peccatori e gli smarriti di cuore: raduna tutti sotto la tua protezione e tutti consegna al tuo diletto Figlio, il Signore nostro Gesù. **Amen.**

Autore: Dawid Kownacki

Maria che scioglie i nodi

L'arte cristiana ha costituito da sempre un mezzo efficace di espressione della fede profonda dell'animo umano. Essa ha donato all'umanità splendidi capolavori che sono sintesi di bellezza e compendi di verità di fede; attraverso colori e forme, luci e ombre, si esprime il proprio credo religioso, che viene trasmesso alle generazioni nella forma originale e semplice dell'immagine.

È questo anche il caso di un quadro che raffigura la Vergine nell'atto di sciogliere una serie di nodi di un nastro. Il bellissimo dipinto, recentemente attribuito al pittore bavarese Johann Melchior Georg Schmidtner (1625-1705), fu realizzato verso l'anno 1700 per incarico di un nobile prelato e posto nella chiesa di Sankt Peter am Perlach, tenuta dai Gesuiti nel cuore della città di Augsburg, in Baviera (Germania).

La storia

All'origine della devozione a "Maria che scioglie i nodi" non c'è un'apparizione della Vergine, ma una storia di vita quotidiana, una storia familiare.

Il nobile Wolfgang Langenmantel si era sposato con Sophie Imhoff nel 1612. Pochi anni dopo, il loro matrimonio entrò in crisi, tanto che i due sposi iniziarono a considerare l'idea del divorzio. Le incomprensioni e i litigi avevano logorato il loro legame e stavano per procurare la rottura definitiva. Prima della completa separazione Wolfgang decise di recarsi a Ingolstadt (a circa settanta chilometri a nord di Augsburg) per consultarsi col padre gesuita Jakob Rem.

Egli, grazie alla sua esperienza e al suo discernimento, ebbe l'illuminazione di affidare la situazione di Wolfgang a Maria, invocata col titolo di "Madre tre volte ammirabile" (*Mater ter admirabilis*), da lui stesso coniato. Il nobile si recò al monastero in quattro occasioni diverse, in un lasso di tempo di 28 giorni e, grazie alla preghiera recitata alla Vergine Maria in compagnia del gesuita, ottenne dei cambiamenti positivi nella sua situazione familiare.

L'ultimo sabato del mese, il 28 settembre 1615, padre Jakob Rem, mentre stava pregando di fronte all'immagine della Vergine, che si trovava nella cappella del monastero, sollevò il nastro matrimoniale dei coniugi Langenmantel, chiedendo che si sciogliessero tutti i nodi. Il nastro, a cui si fa riferimento nel racconto, era legato a una precisa tradizione dell'epoca: durante la celebrazione del sacramento le mani congiunte degli sposi venivano legate da un nastro bianco, appositamente preparato, come segno di un nodo invisibile e indissolubile che li avrebbe uniti per tutta la vita. A ogni discussione Sophie aveva fatto un piccolo nodo sul suo nastro matrimoniale; quello stesso nastro, pieno di nodi, fu affidato al padre gesuita per la speciale preghiera. I nodi si sciolsero miracolosamente e il nastro divenne bianco come nel giorno del matrimonio.

Dopo questo fatto, la coppia sperimentò gli effetti positivi della preghiera, evitando così il divorzio. Quindi, il nastro finalmente privo di nodi indicava il legame coniugale pacificato.

L'ex-voto

Passarono gli anni e il nipote di Wolfgang e di Sophie, Hieronymus Ambrosius Von Langenmantel (1641-1718), scelse la vita religiosa e divenne canonico della chiesa di Sankt Peter ad Augsburg (1666-1709). Hieronymus decise di dedicare una delle cappelle della chiesa alla memoria della sua famiglia e per questo commissionò una pala d'altare che raccontasse la storia del matrimonio dei suoi nonni, salvato grazie all'intercessione della Vergine Maria. L'altare fu dedicato alla beata Vergine del buon consiglio e il quadro fu commissionato a Johann Melchior Georg Schmidtner che, nel singolare e suggestivo dipinto, rappresentò la Vergine Maria come colei "che scioglie i nodi del nastro della vita coniugale".

Descrizione del quadro

Ben visibile sulla parte alta del quadro vi è la colomba, il simbolo più usuale per indicare lo Spirito Santo, in riferimento al battesimo di Gesù al Giordano (Mc 1,10; Mt 3,16; Lc 3,22; Gv 1,32). Nel nostro caso lo Spirito è la forza

soave e mite che viene riversata su Maria. Ella infatti è tutta circondata dalla luce di Dio e vive in Dio. Questo simbolo chiaramente esprime una condizione che riguarda tutto l'essere di Maria: lei è la "piena di grazia", ricolma dell'amore di Dio. Possiamo ravvisare la presenza dello Spirito Santo anche nel vento che muove il manto della Madonna. Ebbene, il vento non si vede, ma si fa sentire; non ha un volto da offrire alla visione, ma fa avvertire la sua presenza: è una forza che afferra tutta la persona. Tutta la vita di Maria si snoda sotto l'azione dello Spirito Santo, di cui ella è la sposa (Lc 1,35), per una maternità universale nei confronti di tutti coloro che sono generati da Dio per la fede in Cristo.

L'immagine centrale del quadro è quella di una giovane donna, bella e dolcissima, a figura intera. Sopra le spalle e i fianchi porta un mantello blu, come mosso dal vento. A partire dal XIII secolo la Chiesa stabilì che nei quadri, negli affreschi, nei mosaici, nei vetri istoriati, nelle icone e sugli altari, il manto di Maria dovesse essere azzurro, per la precisione blu oltremare, il colore più raro e costoso nella tavolozza dei pittori medievali, ottenuto dalla polvere di preziosi lapislazzuli. Simboleggia, quindi, la trascendenza, la vita divina. Il manto blu che ricopre Maria è segno della grazia divina che l'ha ammantata fin dal concepimento verginale. Il colore rosso, tratto dalla terra, indica la dimensione umana. La tunica rossa indossata dalla Madonna vuole indicare, quindi, la sua totale sottomissione alla volontà del Padre che ha reso possibile l'incarnazione del Figlio. Perciò, Maria ha la veste di colore rosso perché è una creatura, ma il suo manto è blu per indicare che è la "piena di grazia", ricolma dell'amore di Dio. Dal punto di vista umano, Maria è solo un'umile ragazza del popolo, non può vantare titoli o ruoli particolari nella società, ma nell'ordine della grazia lei è la tutta santa, la tutta bella; la sua mente, la sua volontà, il suo cuore sono aperti alla grazia di Dio, attenti a cogliere ogni ispirazione divina in una completa disponibi-

lità a compiere la sua volontà: «Ecco la serva del Signore» (Lc 1,38).

Sul capo, Maria, ha una corona di dodici stelle, simbolo di trionfo e di vittoria. Il numero dodici è tradizionalmente ricco di simboli:

essendo il prodotto di tre (che simboleggia la divinità) per quattro (che simboleggia l'umanità), sta a indicare la perfetta unione tra l'umano e il divino. Nel mondo ebraico il dodici rappresentava la pienezza: dodici sono le tribù in cui è suddiviso il popolo d'Israele, dodici gli apostoli scelti da Gesù. Un numero perfetto a indicare la grande famiglia dei credenti. La corona richiama anche il capitolo 12 dell'Apocalisse, in cui si presenta la visione della lotta tra la donna e il drago. Si tratta della lotta tra il popolo di Dio, la Chiesa, e Satana. Ma dove c'è la Chiesa c'è Maria, e dove c'è Maria c'è la Chiesa; e il grembo verginale e fecondo di Maria è il compendio della realtà della Chiesa, vergine feconda. Maria è primizia e immagine della Chiesa. Inoltre, la figura della donna è da una parte gloriosa, trionfante, e dall'altra ancora in travaglio. Così in effetti è la Chiesa: se in cielo è già associata alla gloria del suo Signore, nella storia vive continuamente le prove e le sfide che comporta il conflitto tra Dio e il maligno, il nemico di sempre. E in questa lotta, che i discepoli di Gesù devono affrontare, Maria non li lascia soli. Maria, anche se è ormai una volta per sempre entrata nella gloria del cielo, non significa che sia lontana, che sia staccata da noi; anzi, Maria ci accompagna, lotta con noi, sostiene i cristiani nel combattimento contro le forze del male. La preghiera con Maria, in particolare il Rosario, ha anche questa dimensione di “lotta”, cioè è una preghiera che sostiene nella battaglia contro il maligno e i suoi complici. Anche il Rosario ci sostiene nella battaglia.

La Vergine ha un volto tenerissimo e dolcissimo, in un atteggiamento pieno di pace; ha gli occhi bassi perché è tutta concentrata sul compito che le è affidato: sciogliere i nodi, sia grossi che piccoli, di un nastro bianco aggrovigliato. La mediazione materna di Maria si esplica in particolare con la sua intercessione. Come a Cana disse a Gesù: «Non hanno vino» (Gv 2,3), così ora in cielo presenta al Figlio tutte le nostre necessità e interpone costantemente la sua materna intercessione.

Maria ha la luna sotto i suoi piedi (Ap 12,1-2), con i quali schiaccia la testa al serpente (Gen 3,15): ella è la riparatrice del peccato, colei che recupera l'integrità primitiva vincendo il male. Ella pertanto è la nuova Eva, l'inizio della nuova creazione: Maria è l'Immacolata, ma anche la Regina dell'universo. Ella, infatti, è pienamente associata alla vittoria di Gesù Cristo, suo Figlio, sul peccato e sulla morte. Per questo schiaccia la testa al serpente, simbolo di Satana. Dice san Bernardo: «O quanto tremano i demòni soltanto nel sentire pronunciare il nome di Maria!». Se nelle tentazioni i cristiani avessero la saggezza d'invocare con fiducia il nome di Maria, non cadrebbero «perché i demòni fuggono e l'Inferno trema al suono di questo nome perfetto!».

È chiaro che durante tutto il corso della storia umana, come nel corso della vita di ciascuno di noi, Maria ci sostiene perché non cadiamo nell'errore dei progenitori, ma rimaniamo fedeli a Dio, vincendo gli assalti del demonio.

Anche gli angeli, servitori e strumenti di Dio per accompagnare gli uomini e per custodirli sul cammino (Es 23,20-22), occupano un posto di rilievo nel quadro. A destra si vede un angelo che porge a Maria un nastro con nodi di tutti i tipi. Con i suoi occhi rivolto alla Vergine ci invita a non dubitare anche se i nodi sono tanti e difficili da sciogliere.

All'altro lato, il sinistro, in cui si rispecchiano la luce della misericordia e della salvezza divina, un altro angelo riceve il nastro che scivola ormai liscio nelle sue mani. L'angelo guarda il fedele, al quale mostra con uno sguardo eloquente il nastro privo di nodi per indicare che la sua preghiera è stata ascoltata e che il nodo è stato sciolto per l'intercessione di Maria.

Infine, nella parte inferiore del quadro, si distingue un altro angelo: è Raffaele (che significa "Dio guarisce"). La sua presenza è il segno della delicatezza di un Dio che si serve di intermediari per soccorrere subito chi confida in lui (Tb 3,16-17). Un Dio che si mette al passo degli uomini e cammina con loro, rispettandone i tempi, ma insieme con-

ducendoli verso la felicità. L'arcangelo tiene per mano Tobia (egli si riconosce dal pesce che

ha in mano e dal cane che lo segue: il cane è segno della fedeltà di Dio) e lo conduce lungo il cammino. La storia di Tobia è narrata nella Bibbia nel libro che da lui prende il nome. In esso si racconta di come Dio, servendosi di Raffaele, conduce due coppie di sposi, Tobi e Anna, Tobia e Sara, a liberarsi dal male presente nelle loro relazioni familiari e coniugali. In particolare, l'amore tra Tobia e Sara è il segno di un volere di Dio e il loro totale affidamento a lui, anche quando le difficoltà della vita sembrano essere insormontabili e ostili, fa di loro un esempio per tutte le coppie di sposi. I due giovani sono l'immagine di quella coppia che non esclude Dio dalla propria vita, anzi ne fa il centro, perché solo con lui e attraverso di lui la grazia e l'amore può sovrabbondare. La loro storia ci insegna che solo la preghiera e l'affidamento a Dio possono scacciare il male e il demonio la cui misteriosa, ma reale azione spesso interviene all'interno della famiglia per distruggerla. Per questo la loro vicenda risulta estremamente feconda di spunti per ogni cammino nuziale, rendendo naturale parlare di difficoltà e di impegno, ma anche di bellezza e di gioia di amarsi.

In Tobia si può leggere la figura di Wolfgang Langenmantel che, accompagnato dall'angelo custode per chiedere aiuto a Dio in un momento di difficoltà, cammina verso il convento dei Gesuiti, che nel quadro è posto sul monte tra cielo e terra, ancora nel buio, ma già illuminato dalla luce della grazia divina.

Origine della devozione

Nel 1986 papa Francesco, allora semplice sacerdote gesuita, si trovava in Germania per la sua tesi di dottorato. Durante uno dei suoi numerosi viaggi di studio a Ingolstadt, vide nella chiesa di Sankt Peter l'immagine della Vergine che scioglie i nodi e se ne innamorò all'istante. Ne rimase talmente colpito da portarne alcune riproduzioni a Buenos Aires che cominciò a distribuire ai sacerdoti e ai fedeli, incontrando grande rispondenza. Una delle immagini venne esposta nell'Università El Salvador. Ed è proprio da qui che cominciò la diffusione della nuova devozione.

Divenuto poi vescovo ausiliare di Buenos Aires, padre Jorge Mario Bergoglio ne consolidò il culto, continuando a inaugurare cappelle in suo onore e a servirsi dell'immagine anche come personale biglietto da visita, inserendola – insieme a un'immagine di san Giuseppe – nella sua corrispondenza. Con la stessa immagine faceva gli auguri di Natale, di Pasqua. È stata l'immagine che ha usato come ricordino da distribuire il giorno della sua ordinazione episcopale.

Monsignor Bergoglio proseguì sempre instancabilmente nella sua opera di diffusione di questa devozione, dando il proprio imprimatur alla pubblicazione della "Preghiera a Maria che scioglie i nodi" (vedi pag. 119).

Nel settembre del 1996, padre Rodolfo Arroyo, che era stato nominato pochi mesi prima parroco di San José del Talar, decise di portare l'immagine nella sua chiesa, situata al centro di Buenos Aires. In meno di tre mesi un'artista locale, Ana María Betta de Berti, dipinse una riproduzione del quadro originale tedesco e la donò alla parrocchia. Il cardinale Bergoglio, celebrando la messa a San José del Talar l'8 dicembre del 2011, dichiarò la chiesa "Santuario di Nostra Signora che scioglie i nodi". Da quel giorno si usa celebrare la sua festa l'8 dicembre e poi ogni 8 del mese.

Nel 1997 una riproduzione del quadro fu sistemata nella chiesa di San Juan Bautista. Il parroco, padre Juan Ramon Celeiro, vedendo il continuo flusso di fedeli, decise di scrivere una novena per aiutare la gente a pregare.

Significato teologico

La scena descritta nel dipinto, e in particolare il gesto di Maria, sono ricchi di significati teologici molto profondi, sottolineati e suggeriti da Bergoglio, che rimandano alla prima dottrina mariana che si è sviluppata nella Chiesa già all'inizio del II secolo sulla contrapposizione tra Maria ed Eva, derivata da quella fra Cristo e Adamo. Essa mette in luce con straordinario vigore il ruolo di Maria accanto a Cristo ed è di grande attualità nell'attuale riflessione mariologica.

Questo insegnamento è stato ripreso e sintetizzato mirabilmente nella Costituzione dogmatica del Concilio Vaticano II sulla

Chiesa, la *Lumen gentium,* in particolare al capitolo VIII, in cui si delinea la figura di Maria e la sua funzione nella storia della salvezza. Al numero 56 leggiamo: «Il Padre delle misericordie ha voluto che l'accettazione da parte della predestinata madre precedesse l'incarnazione, perché così, come una donna aveva contribuito a dare la morte, una donna contribuisse a dare la vita. [...] Giustamente quindi i santi Padri ritengono che Maria non fu strumento meramente passivo nelle mani di Dio, ma che cooperò alla salvez-

za dell'uomo con libera fede e obbedienza. [...] Infatti, come dice sant'Ireneo, essa "con la sua obbedienza divenne causa di salvezza per sé e per tutto il genere umano" (*Adversus haereses* III, 22, 4). Per cui non pochi antichi Padri nella loro predicazione volentieri affermano con Ireneo che "il nodo della disobbedienza di Eva ha avuto la sua soluzione coll'obbedienza di Maria; ciò che la vergine Eva legò con la sua incredulità, la vergine Maria sciolse con la sua fede" (*Adversus haereses* III, 22, 4*)* e, fatto il paragone con Eva, chiamano Maria "madre dei viventi" (Sant'Epifanio, *Haereses* 78, 18) e affermano spesso: "La morte per mezzo di Eva, la vita per mezzo di Maria"».

Come si può facilmente notare, la frase di Ireneo: «Il nodo della disobbedienza di Eva ha avuto la sua soluzione coll'obbedienza di Maria; ciò che la vergine Eva legò con la sua incredulità, la vergine Maria sciolse con la sua fede», spiega ciò che il quadro di "Maria che scioglie i nodi" vuole comunicare visivamente. Per comprendere meglio questo legame vale la pena soffermarsi brevemente sull'insegnamento del grande vescovo di Lione.

La nuova Eva accanto al nuovo Adamo

È nel contesto della dottrina della "ricapitolazione" di tutte le cose in Cristo che Ireneo (130 ca – 202 ca) spiega il ruolo della Vergine nel piano divino della salvezza, ricorrendo al parallelismo Eva-Maria. Fedele all'insegnamento di san Paolo (cfr. Rm 5,12-21), la sua dottrina della ricapitolazione mette bene in evidenza i due grandi obiettivi ottenuti dal Cristo nella sua opera redentrice: un risultato negativo, consistente nella distruzione del peccato e della morte, che sono le due principali conseguenze della disobbedienza di Adamo; e un risultato positivo, vale a dire la restaurazione dell'intero genere umano secondo l'immagine di Dio distrutta dal peccato di origine. Questi due risultati il nuovo Adamo li ha conseguiti mediante la sua totale obbedienza al Padre, controbilanciando in tal modo la disobbedienza del primo Adamo e riaprendo vittoriosamente l'antico conflitto contro Satana. Ed ecco che, a questo punto, Ireneo paragona Maria a Eva, aggiungendo un secondo parallelismo che spiega meglio il primo, quello tra Cristo e Adamo.

«Come Eva, la quale, pur avendo come marito Adamo, era ancora vergine [...] disobbedendo divenne causa di morte per sé e per tutto il genere umano, allo stesso modo Maria, che, pur avendo lo sposo, era ancora vergine, obbedendo divenne causa di salvezza per sé e per l'intero genere umano. [...] Così dunque il processo della disobbedienza di Eva trovò la soluzione grazie all'obbedienza di Maria. Ciò che Eva aveva legato a causa della sua incredulità, Maria lo ha sciolto mediante la sua fede» (*Adversus haereses* III, 22, 4).

Chiaramente Ireneo stabilisce un parallelismo perfetto tra le due donne, sia nella convergenza che nell'antitesi, come del resto l'Apostolo aveva fatto con Adamo e Cristo. Eva e Maria, pur essendo ambedue sposate, erano ancora vergini. Ma mentre Eva disobbedì, causando rovina e morte per sé e per il genere umano, Maria con la sua obbedienza agì come causa di salvezza. La disobbedienza di Eva impose all'umanità dei legami di schiavitù spirituale, mentre l'obbedienza di Maria sciolse questi legami, riportando l'uomo alla sua primitiva libertà. La disobbedienza di Eva è conseguenza della sua incredulità, invece l'obbedienza di Maria è frutto della sua fede.

Maria "avvocata" di Eva

In un altro passo, dove l'antitesi Eva-Maria è condotta in parallelo con l'antitesi paolina Adamo-Cristo, sant'Ireneo attribuisce alla Vergine l'appellativo di "avvocata di Eva": «Come Eva fu sedotta dalla parola dell'angelo (decaduto) al punto di fuggire davanti a Dio, avendo trasgredito la sua parola, così Maria ricevette il lieto annuncio per mezzo della parola dell'angelo, cosicché, obbedendo alla sua parola, portò Dio dentro di sé. E come quella si lasciò sedurre fino a disobbedire a Dio, così questa si lasciò persuadere in modo da obbedire a Dio. Per questo la Vergine Maria divenne avvocato della vergine Eva.

E come il genere umano fu legato alla morte a causa di una vergine, così ne fu liberato per mezzo di una Vergine, giacché la disobbedienza di una vergine fu controbilanciata dall'obbedienza della Vergine.

Se dunque il peccato del primo uomo fu riparato dalla retta condotta del Figlio primogenito (di Dio); se la scaltrezza del serpente fu vinta dalla semplicità della colomba (Maria); e se sono stati spezzati i legami che ci tenevano vincolati alla morte, sono stolti gli eretici:

essi ignorano l'economia di Dio; ignorano la sua opera nei confronti dell'uomo» (*Adversus haereses* V, 19, 1).

Da questi testi appare chiaro come Ireneo non solo attribuisca a Maria un ruolo all'interno dell'opera della redenzione, ma specifichi che questo ruolo è strettamente congiunto con l'azione compiuta dal Salvatore, nuovo Adamo, alla stessa maniera in cui Eva ebbe una funzione, purtroppo negativa, accanto al primo Adamo.

Inoltre la Vergine non si limita a svolgere la sua funzione su un piano suo proprio, semplicemente parallelo a quello di Eva. Essa fa qualcosa di più, perché con la sua semplicità distrugge l'orgoglio e la furbizia del serpente, che è l'autore dei mali di Eva.

Ma Ireneo va ancora oltre. In una pagina della sua *Dimostrazione della dottrina apostolica* scrive espressamente che come Adamo è stato "ricapitolato" in Cristo, alla stessa stregua Eva è stata "ricapitolata" in Maria: «Era conveniente e giusto che Adamo fosse ricapitolato in Cristo, affinché la morte fosse assorbita nell'immortalità e che Eva fosse ricapitolata in Maria, affinché la Vergine, divenuta avvocata di un'altra vergine, potesse annullare e distruggere, con la sua verginale obbedienza, la disobbedienza verginale» (n. 33).

Nei testi che abbiamo citato è facile osservare un certo sviluppo progressivo. Il principio della ricapitolazione viene integrato con un altro principio, quello della "ricircolazione", che introduce nella teologia di Ireneo una nota storico-salvifica. Se il primo infatti afferma che l'umanità, caduta a causa del suo primo capo Adamo, doveva essere ricondotta a Dio da un altro uomo che fosse il suo secondo capo, cioè il Cristo, il principio della ricircolazione afferma che questo processo di restaurazione compiuto dal Salvatore doveva corrispondere passo dopo passo, ma su un piano antitetico, alla storia della caduta. Maria entra così, in questo processo, come l'antitipo di Eva. La Madonna quindi intercede per i peccatori, che come Eva non obbediscono alla Parola di Dio.

Non ci sfugga che il grande vescovo di Lione attribuisce alla Madonna il titolo di "avvocata", che sarebbe poi diventato molto comune tra i cristiani. Nei secoli successivi, la teologia cattolica, per illustrare la dottrina circa la collaborazione e la cooperazione di Maria alla redenzione degli uomini e alla sua mediazione della grazia divina, ha adoperato un'espressione molto forte: corredenzione. Risulta di grande attualità e certamente sarà capace di illuminare il dibattito odierno circa la collaborazione di Maria alla redenzione degli uomini e alla sua opera di mediatrice.

Questi insegnamenti nella Chiesa non solo sono stati largamente ripresi e valorizzati dalla dottrina della *Lumen gentium,* ma hanno svolto un durevole influsso anche nel culto; infatti essi sono stati inseriti nel Prefazio d'Avvento II/A: «La grazia che Eva ci tolse ci è ridonata in Maria».

La novena

Con la novena a "Maria che scioglie i nodi" bussiamo umilmente alla porta del cielo, chiedendo alla Vergine di intercedere presso Dio per un'intenzione particolare. Non si tratta affatto di una formula magica, ma dell'appello insistente, fatto con fede e abbandono, di una persona nel bisogno, a Colei che scioglie i nodi delle nostre vite spinta dal suo straordinario potere d'intercessione presso il Figlio Gesù. «Maria si pone tra suo Figlio e gli uomini nella realtà delle loro privazioni, indigenze e sofferenze. Si pone "in mezzo", cioè fa da mediatrice non come un'estranea, ma nella sua posizione di madre, consapevole che come tale può – anzi "ha il diritto" – di far presente al Figlio i bisogni degli uomini» (Giovanni Paolo II, *Redemptoris Mater*, 21). Ella, dunque, vive la sua presenza dentro al mistero della nostra redenzione perché come Madre intercede presso il Figlio: coopera con la sua intercessione affinché i nodi della nostra vita vengano sciolti, affinché la tristezza della nostra condizione sia cambiata nella gioia della salvezza.

Maria, condividendo la nostra condizione umana, è in grado di compatire ogni debolezza. Pur non avendo conosciuto il peccato, ella comprende l'uomo peccatore e lo ama con amore di Madre: «Nei bisogni gettatevi nelle braccia di Maria santissima, ricorrete a lei come a una madre misericordiosa, poi non vi inquietate, non vi perdete d'animo, ma fidatevi di lei» (San Paolo della Croce).

La più antica preghiera mariana esprime profondamente questa consapevolezza: «Sotto la tua protezione noi ci rifugiamo, o santa Madre di Dio: non disprezzare le nostre invocazioni nei pericoli, ma liberaci sempre da ogni male».

Chi più di Maria, donna, sposa, madre, vedova, con il cuore trafitto da una spada per la morte del Figlio, può aiutarci a sciogliere i nodi problematici, guidandoci verso la vita nuova donataci dal Risorto?

Confidiamo a questa tenera madre le nostre angosce, i nostri nodi e, da quel momento, tutto cambierà. La nostra vita ordinaria diventerà festa, stupore, gioia senza fine.

Cosa s'intende con la parola "nodi"?

Con la parola "nodi" si intendono tutti quei conflitti presenti nella nostra vita, tutti quei problemi che, molto spesso, portiamo da anni e che non sappiamo come risolvere; tutti quei peccati che ci incatenano e ci impediscono di accogliere Dio nella nostra vita e di gettarci tra le sue braccia come bambini; tutti quei rancori che rendono difficile amarci umilmente e con sincerità all'interno delle nostre famiglie e che impediscono di realizzare il comando di Gesù: «Amatevi gli uni e gli altri, come io ho amato voi» (cfr. Gv 13,34).

L'elenco potrebbe continuare, poiché sono

tanti i nodi che soffocano la nostra anima, che ci abbattono, che ci tolgono la gioia dal cuore e anche la volontà di continuare a vivere.

La Vergine Maria viene incontro a ciascuno di noi, affinché le offriamo tutti questi nodi e lei li scioglierà uno dopo l'altro. Infatti, Maria è colei che con la sua materna carità si prende cura dei fratelli del Figlio suo, ancora peregrinanti e posti in mezzo ai pericoli e agli affanni, fino a che non siano condotti nella patria beata. «Tutti – ha spiegato più volte l'allora cardinale Bergoglio – abbiamo nodi nel cuore, mancanze, e attraversiamo difficoltà. Il nostro Padre buono, che distribuisce la grazia a tutti i suoi figli, vuole che noi ci fidiamo di Lei, che le affidiamo i nodi dei nostri mali, i grovigli delle nostre miserie che ci impediscono di unirci a Dio, affinché Lei li sciolga e ci avvicini a suo figlio Gesù. Questo è il significato dell'immagine».

Affidiamoci, allora, alla grandezza della nostra Madre che "scioglie i nodi" e lasciamoci portare affinché lei ci faccia vedere le meraviglie che Dio ha preparato per noi.

Quando pregare la novena

Oggi la Vergine viene invocata in modo particolare da molte coppie di sposi per problemi in famiglia, per le difficoltà della vita matrimoniale, per incomprensioni tra genitori e figli, per questioni di salute, per tensioni e problemi in ambito professionale, per la casa o per gli studi, per guarire la dipendenza dall'alcol, dalla droga, dal gioco d'azzardo, dalla pornografia e dalle pratiche sataniche... Ma la novena è efficace anche per sciogliere tutti quei nodi che impediscono di aprirsi all'amore di Dio Padre e ai fratelli, tutti quelle difficoltà, piccole o grandi, che la vita ci riserva quotidianamente.

Il vescovo ausiliare di Madrid e segretario generale della Conferenza Episcopale Spagnola, Juan Antonio Martínez Camino, ha proposto di pregare la "Vergine che scioglie i nodi" per papa Francesco, affinché lo custodisca e lo sostenga con la sua materna sollecitudine nel compito che gli è stato affidato.

Infine, ricordiamoci anche che la santissima Vergine, come Porta del cielo, è colei che scioglie l'ultimo nodo: quello delle anime del Purgatorio.

Si può pregare la novena nelle ricorrenze del 15 agosto, 28 settembre e 8 dicembre.

Come si prega la novena

La prima e migliore disposizione per rendere efficace la nostra preghiera è di essere in stato di grazia o, non essendovi, almeno di desiderare di rimettersi in tale stato al più presto mediante il sacramento della Riconciliazione.

Ogni novena scioglie un solo nodo. Per cui si deve pregare una novena a "Maria che scioglie i nodi" per ciascuno dei nodi che soffocano la nostra vita.

La novena può essere pregata per qualcun altro solo se il nodo che disturba questa persona è vissuto come una sofferenza anche da chi prega la novena. In altre parole, si può pregare la novena per sé con la consapevolezza che il nodo dell'altra persona costituisce un nodo della nostra vita, nodo che chiediamo a Maria di sciogliere.

Si comincia la novena con le preghiere iniziali. Di particolare importanza è il breve esame di coscienza con cui chiediamo umilmente perdono dei nostri peccati e formuliamo il fermo proposito di non commetterli mai più.

La novena comprende la preghiera del Rosario. Attraverso di essa Maria condurrà silenziosamente il fedele alla scoperta della sua identità, mediante l'itinerario di fede che lei stessa ha percorso: assimilare la nostra vita a quella di Gesù, rivivendo i misteri della nostra salvezza. Non a caso Maria si è presentata a Fatima con il titolo speciale di "Madonna del Rosario". Padre Pio da Pietrelcina, a chi gli chiedeva perché recitasse tanti Rosari ogni giorno, rispondeva: «Se la Vergine santa l'ha sempre caldamente raccomandato dovunque è apparsa, non ti pare che ci debba essere un motivo speciale?». E Lucia di Fatima ci assicura che in questo mondo travagliato «se tutti recitassero il Rosario ogni giorno, la Madonna otterrebbe miracoli». Papa Francesco ci ricorda poi che «la preghiera con Maria, in particolare il Rosario, ha anche una dimensione "agonistica", cioè di lotta, una preghiera che sostiene nella battaglia contro il maligno e i suoi complici»

Dopo aver pregato le prime tre decine del Rosario, si passa alla novena propria per ogni giorno in cui si supplica la Vergine di sciogliere specificamente il nodo per cui stiamo facendo la novena.

Ogni persona deve individuare il nodo da sciogliere e presentarlo alla Vergine. È meglio cominciare con il più semplice, affinché sia più chiaro come arrivare a quello principale.

Meditiamo ogni parola della novena e a uno a uno i nostri nodi si scioglieranno.

Si prosegue con le ultime due decine del Rosario e le litanie alla beata Vergine Maria.

Si termina con le preghiere finali.

Affinché questa novena sia efficace e produca i frutti sperati sono necessarie l'umiltà, la fiducia e la ferma speranza di essere esauditi, se da ciò deriva la gloria di Dio e il nostro vero bene. È necessaria anche la perseveranza: non dobbiamo stancarci di pregare, se Dio subito non ci esaudisce, ma dobbiamo seguitare, anzi, a pregare con più fervore, perché: «La preghiera coraggiosa, umile e forte, compie miracoli. La preghiera fa miracoli, ma dobbiamo credere!» (papa Francesco).

La cosa più importante è che siamo consapevoli che la Vergine Maria è la nostra consigliera, la nostra avvocata e la nostra mediatrice in ogni momento.

Novena a Maria
che scioglie i nodi

Introduzione

La seguente novena si prega per nove giorni consecutivi, con costanza e senza interruzione, ogni volta che si vuole chiedere a Maria di sciogliere un nodo della nostra vita.

Alcuni suggerimenti

Come insegna la santa madre Chiesa, la vita spirituale, gli esercizi di pietà e le devozioni sono strettamente legati alla vita sacramentale e sono tanto più efficaci e fruttuosi quanto più si corrisponde alla grazia del Signore. Pertanto, durante la novena è consigliabile accostarsi al sacramento della ***Riconciliazione*** *per chiedere perdono a Dio dei propri peccati, partecipare alla* ***santa Messa*** *quotidiana (quando è possibile) e ricevere la santa Eucaristia, fonte e culmine di tutta la vita cristiana.*

Inoltre, ogni giorno della novena è opportuno:

1. ***Lodare, benedire e ringraziare la Santissima Trinità:*** *Dio Padre per il dono della creazione; Dio Figlio per il dono della redenzione; Dio Spirito Santo per quello della santificazione.*
2. ***Perdonare*** *sempre e chiunque.*

3. *Vivere con impegno e costanza la* ***preghiera personale, familiare e comunitaria.***
4. ***Compiere opere di carità.***
5. ***Abbandonarsi alla volontà di Dio.***

Seguendo questi suggerimenti e impegnandosi quotidianamente in un ***cammino di conversione****, che operi un reale cambiamento di vita, si vedranno realizzate le meraviglie che Dio ha in serbo per ciascuno dei suoi figli, secondo i suoi tempi e la sua volontà.*

La novena a Maria che scioglie i nodi, infatti, è molto efficace, se si crede fermamente, per superare periodi di sofferenza, di malattia, di angoscia, di rovina morale, di problemi familiari, matrimonio in crisi, mancanza di lavoro, per essere illuminati nelle scelte più difficili da prendere, per essere guariti, consolati e per chiedere qualsiasi aiuto nelle piccole e grandi difficoltà di ogni giorno; ma anche per ringraziare delle immense grazie che continuamente riceviamo dal Signore.

Schema per ciascun giorno della novena

1. Preghiere iniziali
2. Rosario: prime tre decine
3. Novena del giorno corrispondente
4. Rosario: ultime due decine
5. Preghiere finali

Preghiere iniziali

Nel nome del Padre e del Figlio e dello Spirito Santo.
Amen.

All'inizio della preghiera invochiamo il Padre per mezzo di Cristo nostro Signore affinché ci doni lo Spirito Consolatore. Infatti, egli è il maestro interiore che ci insegna a pregare: «Nessuno può dire: "Gesù è Signore" se non sotto l'azione dello Spirito Santo» (1Cor 12,3). Ecco perché la Chiesa ci invita a implorarlo ogni giorno, soprattutto all'inizio e al termine di qualsiasi azione importante.

Sequenza allo Spirito Santo

Vieni, Santo Spirito,
manda a noi dal cielo
un raggio della tua luce.

Vieni, padre dei poveri,
vieni, datore dei doni,
vieni, luce dei cuori.

Consolatore perfetto,
ospite dolce dell'anima,
dolcissimo sollievo.

Nella fatica, riposo,
nella calura, riparo,
nel pianto, conforto.

O luce beatissima,
invadi nell'intimo
il cuore dei tuoi fedeli.

Senza la tua forza,
nulla è nell'uomo,
nulla senza colpa.

Lava ciò che è sordido,
bagna ciò che è arido,
sana ciò che sanguina.

Piega ciò che è rigido,
scalda ciò che è gelido,
drizza ciò che è sviato.

Dona ai tuoi fedeli,
che solo in te confidano,
i tuoi santi doni.

Dona virtù e premio,
dona morte santa,
dona gioia eterna.
Amen.

Credo

Io credo in **Dio**, **Padre** onnipotente, Creatore del cielo e della terra; e in **Gesù Cristo**, suo unico Figlio, nostro Signore, *(ci si inchina)* il quale fu concepito di Spirito Santo, nacque da Maria Vergine, patì sotto Ponzio Pilato, fu crocifisso, morì e fu sepolto; discese agli inferi; il terzo giorno risuscitò da morte; salì al cielo, siede alla destra di Dio Padre onnipotente: di là verrà a giudicare i vivi e i morti.
Credo nello **Spirito Santo,** la santa Chiesa cattolica, la comunione dei santi, la remissione dei peccati, la risurrezione della carne, la vita eterna. **Amen.**

Atto di dolore

Dopo aver invocato lo Spirito Santo con la Sequenza *e aver professato la nostra fede con il* Credo, *sostiamo qualche istante in silenzio ed esaminiamo brevemente la nostra coscienza. Se essa ci rimprovera qualche peccato grave, proponiamoci di accostarci quanto prima al sacramento della Riconciliazione, perché, come ci ricorda papa Francesco: «Il confessionale non è una sala di tortura, ma il luogo della misericordia nel quale il Signore ci stimola a fare meglio che possiamo». Riconosciamoci, dunque, bisognosi della misericordia del Padre e chiediamo umilmente perdono dei nostri peccati. Infine, formuliamo il fermo proposito di non commetterli mai più.*

Mio Dio, mi pento e mi dolgo con tutto il cuore dei miei peccati, perché peccando ho meritato i tuoi castighi e molto più perché ho offeso te, infinitamente buono e degno di essere amato sopra ogni cosa. Propongo con il tuo santo aiuto di non offenderti mai più e di fuggire le occasioni prossime di peccato. Signore, misericordia, perdonami.

A Maria che scioglie i nodi

Nostra Signora che sciogli i nodi, tu sai che la mia vita è piena di "nodi" che mi soffocano, mi schiacciano, mi opprimono e mi rendono schiavo. Mi affido a te con fiducia affinché tu li sciolga e, mediante la tua potente intercessione, il Signore mi conceda la pace del cuore, la salute del corpo e dello spirito, e mi conduca alla gioia senza fine.

Maria, non lasciarmi cadere nella tentazione del maligno, ma liberami da ogni schiavitù, paura e insicurezza. Dammi la tua grazia per seguire la strada giusta e non cadere nell'errore.

Sciogli i miei nodi oggi e, quando verrà la mia ora, sciogli il nodo definitivo della mia morte, perché, finalmente e definitivamente libero da ogni peccato, possa entrare nella beatitudine eterna. **Amen.**

PRIMO GIORNO

Preghiere iniziali *(vedi pag. 54)*
Santo Rosario prime tre decine
(vedi giorno corrispondente da pag. 89 a pag. 112)

L'angelo Gabriele fu mandato da Dio in una città della Galilea, chiamata Nàzaret, a una vergine, promessa sposa di un uomo della casa di Davide, di nome Giuseppe. La vergine si chiamava Maria. Entrando da lei, disse: «Rallégrati, piena di grazia: il Signore è con te» (Lc 1,26-28).

SUPPLICA

Maria, tu sei la piena di grazia; la fede mi dice che, con il tuo potere davanti a Dio, mi otterrai ciò che ti chiedo, perché, essendo Madre, vuoi esaudirmi. Ti prego, ascolta la mia supplica, sono sicuro che hai sempre pronto un rimedio alle mie debolezze, anche quando sembra che non ci sia più niente da fare.

Maria, piena di grazia, che disfi i nodi che soffocano i tuoi figli, tendi le tue mani misericordiose verso di me. Io ti consegno oggi questo nodo *(nominare)* e tutte le sue conseguenze negative nella mia vita. Io ti dono questo nodo *(nominare)* che mi tormenta e mi impedisce di vivere nella pace di Dio.

O Maria che sciogli i nodi, so che non si è mai udito che alcuno, ricorrendo al tuo patrocinio, implorando il tuo aiuto e la tua protezione, sia stato da te abbandonato. Per questo io credo che tu possa disfare anche questo mio nodo, poiché Gesù, tuo Figlio amatissimo, ti dà ogni potere. Confido che tu lo scioglierai perché sei mia Madre. Io so che tu lo farai perché mi ami dell'amore stesso di Dio. Grazie Madre mia amata.

O Maria, Madre del buon consiglio,
prendi questo nodo *(nominare)* **che mi ostacola**
e con la forza della tua mano scioglilo.

Maria che sciogli i nodi,
prega per me.

Santo Rosario ultime due decine
Preghiere finali *(vedi pagg. 77-83)*

Secondo giorno

Preghiere iniziali *(vedi pag. 54)*

Santo Rosario prime tre decine

(vedi giorno corrispondente da pag. 89 a pag. 112)

«Non temere, Maria, perché hai trovato grazia presso Dio» (Lc 1,30).

Supplica

Maria, Madre del bell'amore, il mio cuore si volge a te che hai trovato grazia presso Dio. Tu che, accogliendo il saluto dell'angelo nello stupore di tutto il creato, hai generato il tuo Creatore, Madre sempre vergine pietà di me peccatore. Sono sbattuto dalle onde della superbia, dell'ambizione, della calunnia, della gelosia, dell'ira, dell'avarizia e dalle lusinghe della carne.

Io mi rivolgo a te, Maria che disfi i nodi, affinché tu domandi per me a tuo figlio Gesù la purezza di cuore, il distacco, l'umiltà, l'abbandono e la confidenza in Dio. In questo giorno mi impegnerò a praticare una di queste virtù come prova del mio amore per te.

Io rimetto nelle tue mani questo nodo *(nominare)* che mi impedisce di riflettere la gloria di Dio. Non disprezzare la mia supplica, ma ascoltami propizia ed esaudiscimi.

Donami, Madre di Dio e Madre mia, una scintilla del tuo amore per Gesù.

O Maria, Madre del buon consiglio,
prendi questo nodo *(nominare)* **che mi ostacola**
e con la forza della tua mano scioglilo.

Maria che sciogli i nodi,
prega per me.

Santo Rosario ultime due decine
Preghiere finali *(vedi pagg. 77-83)*

Terzo giorno

Preghiere iniziali *(vedi pag. 54)*
Santo Rosario prime tre decine
(vedi giorno corrispondente da pag. 89 a pag. 112)

«Grandi cose ha fatto per me l'Onnipotente e Santo è il suo nome; di generazione in generazione la sua misericordia per quelli che lo temono. Ha spiegato la potenza del suo braccio, ha disperso i superbi nei pensieri del loro cuore; ha rovesciato i potenti dai troni, ha innalzato gli umili; ha ricolmato di beni gli affamati, ha rimandato i ricchi a mani vuote» (Lc 1,49-53).

Supplica

Sia in ciascuno l'anima di Maria a magnificare il Signore, sia in ciascuno l'anima di Maria a esultare in Dio. Madre di Dio e Madre nostra, aumenta la mia fede così fragile e incerta.

Maria mediatrice, le tue mani ricevono e distribuiscono tutte le ricchezze del Re, volgi verso di me i tuoi occhi misericordiosi. Io depongo nelle tue mani sante questo nodo della mia vita *(nominare)* e con esso tutto il rancore, tutto il risentimento di cui è sorgente.

Aiutami in questo momento a perdonare tutte le persone che consapevolmente o inconsapevolmente hanno provocato questo nodo. Davanti a te, Madre amata, e nel nome del tuo Figlio Gesù mio Salvatore, che è stato così offeso e che ha saputo perdonare, io perdono ora queste persone *(nominare)* per sempre.

O Maria, Madre del buon consiglio,
prendi questo nodo *(nominare)* **che mi ostacola**
e con la forza della tua mano scioglilo.

Maria che sciogli i nodi,
prega per me.

Santo Rosario ultime due decine
Preghiere finali *(vedi pagg. 77-83)*

Quarto giorno

Preghiere iniziali *(vedi pag. 54)*

Santo Rosario prime tre decine

(vedi giorno corrispondente da pag. 89 a pag. 112)

In quei giorni Maria si alzò e andò in fretta verso la regione montuosa, in una città di Giuda. Entrata nella casa di Zaccaria, salutò Elisabetta. Appena Elisabetta ebbe udito il saluto di Maria, il bambino sussultò nel suo grembo (Lc 1,39-41).

Supplica

Madre grande nella carità, affabile per tutti coloro che sono nel bisogno, vieni in mio soccorso come facesti con Elisabetta. Io depongo nelle tue mani questo nodo *(nominare)* che mi impedisce di essere in pace, paralizza la mia anima, impedendomi di andare al mio Signore e di mettere la mia vita al suo servizio.

Madre, sciogli questo nodo della mia vita *(nominare)*. Domanda a Gesù la guarigione della mia fede paralizzata, che si lascia abbattere da ogni difficoltà.

Cammina con me, Madre amata, affinché io prenda coscienza che gli ostacoli che incontro sul mio cammino sono occasioni per rafforzarmi nella fede e per imparare a rendere grazie a Dio che non cessa di sostenermi con la sua provvidenza.

O Maria, Madre del buon consiglio,
prendi questo nodo *(nominare)* **che mi ostacola**
e con la forza della tua mano scioglilo.

Maria che sciogli i nodi,
prega per me.

Santo Rosario ultime due decine
Preghiere finali *(vedi pagg. 77-83)*

Quinto giorno

Preghiere iniziali *(vedi pag. 54)*
Santo Rosario prime tre decine
(vedi giorno corrispondente da pag. 89 a pag. 112)

Sua madre custodiva tutte queste cose nel suo cuore (Lc 2,51).

Supplica

Maria che sciogli i nodi più intricati, generosa e piena di compassione, io mi rivolgo a te per consegnare ancora una volta questo nodo *(nominare)* nelle tue mani. Ti domando la saggezza di Dio, perché agisca sotto la luce dello Spirito Santo, per sciogliere tutte le difficoltà.

Le tue parole sono talmente piene di dolcezza che si vede in te il cuore di Dio.

Liberami dall'amarezza, dalla collera e dall'odio che questo nodo *(nominare)*, che con insistenza ti presento, ha fatto nascere in me.

Madre amata, donami la tua dolcezza e la tua saggezza, che io impari a meditare tutto in silenzio, nel mio cuore, parlando con il Signore, in un dialogo innamorato, di tutto ciò che mi succede, anche degli avvenimenti più piccoli. Non permettermi di dimenticarmi di soppesarli, valutarli, vederli con occhi di fede, per scoprire in essi la volontà di Dio.

O Maria, Madre del buon consiglio,
prendi questo nodo *(nominare)* **che mi ostacola**
e con la forza della tua mano scioglilo.

Maria che sciogli i nodi,
prega per me.

Santo Rosario ultime due decine
Preghiere finali *(vedi pagg. 77-83)*

Sesto giorno

Preghiere iniziali *(vedi pag. 54)*
Santo Rosario prime tre decine
(vedi giorno corrispondente da pag. 89 a pag. 112)

Stavano presso la croce di Gesù sua madre, la sorella di sua madre, Maria madre di Clèopa e Maria di Màgdala. Gesù allora, vedendo la madre e accanto a lei il discepolo che egli amava, disse alla madre: «Donna, ecco tuo figlio!». Poi disse al discepolo: «Ecco tua madre!». E da quell'ora il discepolo l'accolse con sé (Gv 19,25-27).

Supplica

Madre, come l'apostolo Giovanni, voglio prenderti nella mia casa, nell'intimo del mio cuore, per imparare da te a conformarmi al tuo Figlio. Sono davanti a te, per affidarmi alla tua premura materna.

Regina di misericordia, ti affido questo nodo della mia vita *(nominare)* e ti chiedo di donarmi un cuore che sappia essere paziente, mentre tu disfi questo groviglio.

Insegnami a perseverare nell'ascolto della parola di tuo Figlio, a ricevere con costanza i sacramenti della Riconciliazione e dell'Eucaristia. E, come hai fatto nel Cenacolo in attesa della Pentecoste, intercedi presso il Figlio tuo diletto affinché mi doni in abbondanza lo Spirito Santo, lo Spirito di verità che è sorgente di vita. Accoglilo per me e con me, come nella prima comunità di Gerusalemme, stretta intorno a te nel giorno di Pentecoste.

Lo Spirito apra il mio cuore alla pace, alla giustizia e all'amore.

O Maria, Madre del buon consiglio,
prendi questo nodo *(nominare)* **che mi ostacola**
e con la forza della tua mano scioglilo.

Maria che sciogli i nodi,
prega per me.

Santo Rosario ultime due decine
Preghiere finali *(vedi pagg. 77-83)*

Settimo giorno

Preghiere iniziali *(vedi pag. 54)*
Santo Rosario prime tre decine
(vedi giorno corrispondente da pag. 89 a pag. 112)

«Io porrò inimicizia fra te e la donna, fra la tua stirpe e la sua stirpe: questa ti schiaccerà la testa e tu le insidierai il calcagno» (Gen 3,15).

Supplica

Maria purissima e immacolata, oggi io mi rivolgo a te: ti supplico di sciogliere questo nodo della mia vita *(nominare)* e di liberarmi dalle opere del male. Dio ti ha concesso un grande potere su tutti i demòni. Io oggi rinuncio al male e a tutti i legami che ho avuto con esso. Proclamo che Gesù è il mio unico Salvatore, il mio unico Signore.

O Maria che disfi i nodi, schiaccia la testa del maligno. Distruggi le trappole che hanno provocato questi nodi nella mia vita. Madre, che conosci le mie sofferenze e le mie speranze, assistimi nelle quotidiane prove che la vita mi riserva e fa' che le tenebre non prevalgano sulla luce.

A te, Aurora della salvezza, consegno il mio cammino affinché sotto la tua guida scopra Cristo, luce del mondo e unico Salvatore, che regna col Padre e lo Spirito Santo nei secoli dei secoli. Signore, liberami per il tuo preziosissimo sangue.

O Maria, Madre del buon consiglio,
prendi questo nodo *(nominare)* **che mi ostacola**
e con la forza della tua mano scioglilo.

Maria che sciogli i nodi,
prega per me.

Santo Rosario ultime due decine
Preghiere finali *(vedi pagg. 77-83)*

Ottavo giorno

Preghiere iniziali *(vedi pag. 54)*
Santo Rosario prime tre decine
(vedi giorno corrispondente da pag. 89 a pag. 112)

Appena Elisabetta ebbe udito il saluto di Maria, il bambino sussultò nel suo grembo. Elisabetta fu colmata di Spirito Santo ed esclamò a gran voce: «Benedetta tu fra le donne e benedetto il frutto del tuo grembo! A che cosa devo che la madre del mio Signore venga da me? Ecco, appena il tuo saluto è giunto ai miei orecchi, il bambino ha sussultato di gioia nel mio grembo. E beata colei che ha creduto nell'adempimento di ciò che il Signore le ha detto» (Lc 1,41-45).

Supplica

Vergine Madre di Dio, ricca di misericordia, abbi pietà di me e sciogli questo nodo della mia vita *(nominare)*. Ho bisogno che tu mi visiti, così come hai visitato Elisabetta.

Portami Gesù, affinché egli mi porti lo Spirito Santo. Insegnami a praticare la virtù dell'umiltà, della carità e, come Elisabetta, ottienimi di essere colmato di Spirito Santo e di gioia senza fine.

Maria, Madre mia, ti dono il mio cuore e tutto ciò che mi appartiene: la mia casa, la mia famiglia, i miei beni esteriori e interiori. Io ti appartengo per sempre. Metti in me il tuo cuore, affinché io possa compiere la volontà di Dio tutti i giorni della mia vita.

O Maria, Madre del buon consiglio,
prendi questo nodo *(nominare)* **che mi ostacola**
e con la forza della tua mano scioglilo.

Maria che sciogli i nodi,
prega per me.

Santo Rosario ultime due decine
Preghiere finali *(vedi pagg. 77-83)*

Nono giorno

Preghiere iniziali *(vedi pag. 54)*
Santo Rosario prime tre decine
(vedi giorno corrispondente da pag. 89 a pag. 112)

Il terzo giorno vi fu una festa di nozze a Cana di Galilea e c'era la madre di Gesù. Fu invitato alle nozze anche Gesù con i suoi discepoli. Venuto a mancare il vino, la madre di Gesù gli disse: «Non hanno vino». E Gesù le rispose: «Donna, che vuoi da me? Non è ancora giunta la mia ora». Sua madre disse ai servitori: «Qualsiasi cosa vi dica, fatela» (Gv 2,1-5).

Supplica

A te ricorro, o Vergine delle vergini e Madre mia, a te io vengo e davanti a te me ne sto, povero peccatore gemente. Non disprezzare la mia supplica, ma ascoltami propizia ed esaudiscimi. Ti prego di disfare questo nodo nella mia vita *(nominare)*. Tu sai il dolore e la sofferenza che esso mi provoca.

Grazie, o Madre, perché nella tua misericordia asciughi le lacrime dei miei occhi. Grazie di accogliermi nelle tue braccia e di prepararmi a ricevere un'altra grazia da Dio. Maria che sciogli i nodi e Madre mia amata, io ti ringrazio di disfare i nodi della mia vita. Ogni tuo gesto, anche il più piccolo, non è mai banale, ma pieno di significato. Maria, sii per me esempio e guida. Voglio imitare le tue virtù nelle circostanze concrete in cui Dio mi chiede di vivere. Avvolgimi col tuo mantello d'amore, mettimi sotto la tua protezione e riempimi della pace che solo Dio mi può donare.

O Maria, Madre del buon consiglio,
prendi questo nodo *(nominare)* **che mi ostacola**
e con la forza della tua mano scioglilo.

Maria che sciogli i nodi,
prega per me.

Santo Rosario ultime due decine
Preghiere finali *(vedi pagg. 77-83)*

Preghiere finali

Alla Madre di Dio che scioglie i nodi

Nostra Signora che sciogli i nodi, non si è mai udito al mondo che qualcuno sia ricorso al tuo patrocinio, abbia implorato il tuo aiuto, chiesto la tua protezione e sia stato abbandonato. Animato da tale fiducia, a te ricorro, o Madre, o Vergine delle vergini, a te vengo e, peccatore contrito, innanzi a te mi prostro.

O Madre del Verbo, non disprezzare le mie preghiere, ma ascoltami propizia ed esaudiscimi.

Tu sei colei che scioglie tutti i nodi!

Con le tue mani che traboccano dell'amore di Dio tu sciogli, come se fossero dei nodi, i problemi, gli intralci che incontro lungo il mio cammino, ed essi diventano come un nastro diritto, come una strada appianata!

Ora volgi il tuo sguardo pieno di compassione verso di me, vedi quanti nodi soffocano la mia vita. Tu conosci la mia sofferenza e il mio dolore. Tu sai quanto questi nodi mi paralizzano.

Santa Maria, Madre di Dio e Vergine piena di grazia, tu sei colei che Dio ha incaricato di sciogliere i nodi della vita dei tuoi figli, per questo oggi io depongo nelle tue mani:

- i nodi di tutte le mie difficoltà materiali o spirituali, familiari, scolastiche, professionali, relazionali;
- i nodi di tutti i problemi che mi assillano da anni e che non so come risolvere;
- i nodi di tutte quelle situazioni bloccate o inestricabili, per le quali spesso non vedo soluzione;
- i nodi dei litigi familiari, dell'incomprensione tra genitori e figli, tra anziani e giovani; della mancanza di rispetto, della violenza;
- i nodi del rancore e del risentimento fra gli sposi, la mancanza di pace e di gioia nella famiglia;
- i nodi dei tradimenti tra coniugi, degli sposi che si separano, delle divisioni nelle famiglie;

- i nodi provocati da un figlio che si droga, che è malato, che ha lasciato la casa, che si è allontanato da Dio, che si è suicidato;
- i nodi dell'alcolismo, del gioco d'azzardo, tutti i miei vizi e delle persone che amo;
- i nodi delle ferite causate in me dagli altri;
- i nodi delle ferite causate da me negli altri;
- i nodi del rancore e dell'odio che mi tormentano;
- i nodi del senso di colpa, dell'aborto, delle malattie, della disoccupazione, delle paure, della discordia, del fallimento, dell'indebitamento, della tristezza, del divorzio, delle preoccupazioni finanziarie, dello stress, della solitudine;
- i nodi dell'occultismo, della magia, della superstizione;
- i nodi dell'incredulità, della superbia, dell'invidia, della gelosia, dei sospetti cattivi;
- i nodi dell'avidità del denaro, del potere, della vanità;
- i nodi delle chiacchiere, dei discorsi oziosi,

delle maldicenze, dei pettegolezzi e del parlare male degli altri;
- i nodi che io stesso mi sono procurato a causa del mio orgoglio;
- i nodi del mio cuore che mi impediscono di essere libero e di amare con generosità.

Maria, nelle tue mani non c'è un solo nodo che non possa essere sciolto. Per il tuo potere d'intercessione presso il tuo Figlio Gesù mio Salvatore, ricevi oggi in particolare questo nodo *(nominare)*. Per la gloria di Dio, ti domando di scioglierlo e di scioglierlo per sempre.

Io spero in te, tu sei l'unica consolatrice che Dio mi ha dato, tu sei la fortezza delle mie fragili forze, la ricchezza delle mie miserie, la liberazione di tutto quello che mi impedisce di essere con Cristo; accogli il mio appello. Guardami, guidami, proteggimi, tu sei l'unico e sicuro rifugio.

Maria che sciogli i nodi, prega per me tuo Figlio Gesù Cristo nostro Signore adesso e nell'ora della mia morte. **Amen.**

Preghiera a Maria che scioglie i nodi

O Maria, Madre di Cristo e della Chiesa, Regina dei popoli e delle famiglie, tu che portasti in grembo il Figlio di Dio, colui che ha spezzato il giogo che ci teneva schiavi del peccato, ottienici la grazia di rimanere nella vera libertà dei figli di Dio.

Con le tue sante mani, Vergine purissima, Regina della pace, sciogli i molti, intricati nodi che rendono triste e complicata la nostra vita.

Aiutaci a metterci al servizio del bene con purezza e semplicità di cuore, sempre pronti al perdono e alla riconciliazione.

Fa' che, nulla anteponendo all'amore di Cristo, nel suo stesso amore amiamo sinceramente i nostri fratelli. **Amen.**

Ringraziamento a Maria che scioglie i nodi

Maria che sciogli i nodi, con la letizia nel cuore, con l'animo compreso dalla più viva gratitudine io ritorno a te, per ringraziarti delle grazie ricevute.

Voglio essere completamente tuo. Aiutami a percorrere con te un cammino di piena fedeltà a Gesù, nella sua Chiesa.

Grazie, Vergine santa, perché mi tieni sempre amorosamente per mano e orienti il mio cuore all'amore verso Gesù.

Grazie perché mi insegni a cercare il mio bene in Dio solo, che è sorgente di ogni pace e di ogni grazia.

Grazie perché mi insegni a desiderare di compiere unicamente la sua volontà, per realizzare in me quel piano che ha stabilito fin dall'eternità.

Grazie perché mi insegni a vivere con Gesù e per Gesù. Grazie perché, se cado, mi aiuti a ritornare a lui con il sacramento del Perdono e della gioia. Così, Vergine santa, con la pace di Dio nel cuore, potrò portare a tutti la vera gioia e la vera pace. Donami un amore grande per tutti i sacramenti, segni che tuo Figlio ci ha lasciato per incontrarlo.

Grazie, Maria, perché proteggi la mia famiglia, fa' che resti sempre unita e rimanga salda nell'amore infinito di Dio.

Grazie, Maria, perché dispensi alla mia famiglia le grazie spirituali e materiali che ci occorrono; specialmente accresci la fede, la speranza e la carità.

Grazie per avermi fatto scoprire la potenza di questa novena. **Amen.**

Il Santo Rosario

Struttura di ogni decina

1) Per ciascuno dei cinque misteri, prega nel seguente modo:

Enuncia il mistero e leggi il versetto biblico appropriato, seguito da una breve pausa di riflessione.

Fermati qualche attimo a meditare il mistero che stai celebrando. Apri il tuo cuore alla Vergine Maria e chiedi al Signore di farti dono della grazia o della virtù di cui hai particolarmente bisogno.

2) Prega ogni decina nel seguente modo:

Padre nostro
10 Ave Maria
Gloria al Padre

3) Puoi concludere la preghiera di ogni decina con alcune invocazioni, ad esempio:

«O Gesù, perdona le nostre colpe, preservaci dal fuoco dell'Inferno, porta in cielo tutte le anime, specialmente le più bisognose della tua misericordia».

(La Madonna a Fatima, 13 luglio 1917)

«Mio Dio, credo, adoro, spero e ti amo. Domando perdono per quelli che non credono, non adorano, non sperano e non ti amano».

«Santissima Trinità, Padre, Figlio e Spirito Santo: ti adoro profondamente e ti offro il preziosissimo Corpo, Sangue, Anima e Divinità di Gesù Cristo, presente in tutti i tabernacoli del mondo, in riparazione degli oltraggi, sacrilegi, indifferenze con cui egli è offeso. E per i meriti infiniti del suo sacratissimo Cuore e del Cuore immacolato di Maria ti domando la conversione dei poveri peccatori».

(L'angelo della pace ai tre bambini di Fatima, nel 1916)

Lodato sempre sia,
il santo nome di Gesù, di Giuseppe e di Maria.

Regina della pace, prega per noi.

San Giuseppe, prega per noi.

Santi Michele, Raffaele, Gabriele arcangeli, pregate per noi.

Angelo di Dio, che sei mio custode, illumina, custodisci, reggi e governa me, che ti fui affidato dalla pietà celeste. **Amen.**

L'eterno riposo dona loro, o Signore, e splenda ad essi la luce perpetua. Riposino in pace. **Amen.**

4) **Quando avrai percorso tutte le cinque decine e quindi avrai meditato i cinque misteri, per concludere la preghiera del santo Rosario, recita il *Salve Regina* e le *Litanie alla beata Vergine Maria*** *(vedi pag. 113).*

Le meditazioni dei misteri del Rosario che seguono sono tratte dalle omelie e dai discorsi di papa Francesco.

Misteri della gioia

(lunedì e sabato)

«Il Vangelo di san Luca dice che, nella famiglia di Nàzaret, Gesù "cresceva e si fortificava, pieno di sapienza, e la grazia di Dio era su di lui" (Lc 2,40). La Madonna fa proprio questo in noi, ci aiuta a crescere umanamente e nella fede, a essere forti e non cedere alla tentazione dell'essere uomini e cristiani in modo superficiale, ma a vivere con responsabilità, a tendere sempre più in alto» (Papa Francesco).

❶ L'annunciazione dell'angelo a Maria

[L'angelo Gabriele] entrando da lei, disse: «Rallégrati, piena di grazia: il Signore è con te. Ed ecco, concepirai un figlio, lo darai alla luce e lo chiamerai Gesù» (Lc 1,28.31).

Dio ci sorprende; è proprio nella povertà, nella debolezza, nell'umiltà che si manifesta e ci dona il suo amore che ci salva, ci guarisce, ci dà forza. Chiede solo che seguiamo la sua parola e ci fidiamo di lui. Questa è l'esperienza della Vergine Maria: davanti all'annuncio dell'angelo, non nasconde la sua meraviglia.

È lo stupore di vedere che Dio, per farsi uomo, ha scelto proprio lei, una semplice ragazza di Nàzaret, che non vive nei palazzi del potere e della ricchezza, che non ha compiuto imprese straordinarie, ma che è aperta a Dio, sa fidarsi di lui, anche se non comprende tutto: «Ecco la serva del Signore: avvenga per me secondo la tua parola» (Lc 1,38). È la sua risposta. Dio ci sorprende sempre, rompe i nostri schemi, mette in crisi i nostri progetti, e ci dice: fidati di me, non avere paura, lasciati sorprendere, esci da te stesso e seguimi! Oggi chiediamoci tutti se abbiamo paura di quello che Dio potrebbe chiederci o di quello che ci chiede. Mi lascio sorprendere da Dio, come ha fatto Maria, o mi chiudo nelle mie sicurezze, sicurezze materiali, sicurezze intellettuali, sicurezze ideologiche, sicurezze dei miei progetti? Lascio veramente entrare Dio nella mia vita? Come gli rispondo?

❷ La visita di Maria a santa Elisabetta

Appena Elisabetta ebbe udito il saluto di Maria, il bambino sussultò nel suo grembo. Elisabetta fu colmata di Spirito Santo ed esclamò a gran voce: «Benedetta tu fra le donne e benedetto il frutto del tuo grembo!» (Lc 1,41-42).

Maria, dopo l'annunciazione, il primo gesto che compie è di carità verso l'anziana parente Elisabetta; e le prime parole che pronuncia sono: «L'anima mia magnifica il Signore», cioè un canto di lode e di ringraziamento a Dio non solo per quello che ha operato in lei, ma per la sua azione in tutta la storia della salvezza. Tutto è suo dono. Se noi possiamo capire che tutto è dono di Dio, quanta felicità nel nostro cuore! Tutto è suo dono. Lui è la nostra forza! Dire grazie è così facile, eppure così difficile! Quante volte ci diciamo grazie in famiglia? È una delle parole chiave della convivenza. "Permesso", "scusa", "grazie": se in una famiglia si dicono queste tre parole, la famiglia va avanti. "Permesso", "scusami", "grazie". Quante volte diciamo "grazie" in famiglia? Quante volte diciamo grazie a chi ci aiuta, ci è vicino, ci accompagna nella vita? Spesso diamo tutto per scontato! E questo avviene anche con Dio. È facile andare dal Signore a chiedere qualcosa, ma andare a ringraziarlo: «Mah, non mi viene».

❸ La nascita di Gesù a Betlemme

«Oggi, nella città di Davide, è nato per voi un Salvatore, che è Cristo Signore. Questo per voi il segno: troverete un bambino avvolto in fasce, adagiato in una mangiatoia» (Lc 2,11-12).
Guardiamo a Dio come al Dio della vita, guardiamo alla sua legge, al messaggio del Vangelo come a una via di libertà e di vita. Il Dio Vivente ci fa liberi! Diciamo sì all'amore e no all'egoismo, diciamo sì alla vita e no alla morte, diciamo sì alla libertà e no alla schiavitù dei tanti idoli del nostro tempo; in una parola diciamo sì a Dio, che è amore, vita e libertà, e mai delude (cfr. 1Gv 4,8; Gv 11,25; 8,32), a

Dio che è il Vivente e il Misericordioso. Solo la fede nel Dio Vivente ci salva; nel Dio che in Gesù Cristo ci ha donato la sua vita con il dono dello Spirito Santo e fa vivere da veri figli di Dio con la sua misericordia. Questa fede ci rende liberi e felici.

❹ La presentazione di Gesù al tempio

Quando furono compiuti i giorni della loro purificazione rituale, secondo la legge di Mosè, portarono il bambino a Gerusalemme per presentarlo al Signore (Lc 2,22).

Quante difficoltà ci sono nella vita di ognuno, nella nostra gente, nelle nostre comunità; ma per quanto grandi possano apparire, Dio non lascia mai che ne siamo sommersi. Il "drago", il male, c'è nella nostra storia, ma non è lui il più forte. Il più forte è Dio, e Dio è la nostra speranza! Non perdiamo mai la speranza! Non spegniamola mai nel nostro cuore! Un popolo ha futuro se va avanti con i giovani, con la loro forza, perché lo portano avanti; e con gli anziani perché loro sono quelli che danno la saggezza della vita.

❺ Il ritrovamento di Gesù fra i dottori

«Non sapevate che io devo occuparmi delle cose del Padre mio?». Sua madre custodiva tutte queste cose nel suo cuore (Lc 2,49.51).

Non basta leggere le Sacre Scritture, bisogna ascoltare Gesù che parla in esse: è proprio Gesù che parla nelle Scritture, è Gesù che parla in esse. Bisogna essere antenne che ricevono, sintonizzate sulla Parola di Dio, per essere antenne che trasmettono! Si riceve e si trasmette. È lo Spirito di Dio che rende vive le Scritture, le fa comprendere in profondità, nel loro senso vero e pieno! Chiediamoci: che posto ha la Parola di Dio nella mia vita, la vita di ogni giorno? Sono sintonizzato su Dio o sulle tante parole di moda o su me stesso? Una domanda che ognuno di noi deve farsi: sono un cristiano "a singhiozzo", o sono un cristiano sempre? La cultura del provvisorio, del relativo entra anche nel vivere la fede. Dio ci chiede di essergli fedeli, ogni giorno, nelle azioni quotidiane e aggiunge che, anche se a volte non gli siamo fedeli, lui è sempre fedele e con la sua misericordia non si stanca di tenderci la mano per risollevarci, di incoraggiarci a riprendere il cammino, di ritornare a lui e dirgli la nostra debolezza perché ci doni la sua forza. E questo è il cammino definitivo: sempre col Signore, anche nelle nostre debolezze, anche nei nostri peccati. Mai andare sulla strada del provvisorio. Questo ci uccide. La fede è fedeltà definitiva, come quella di Maria.

Salve Regina e Litanie alla beata Vergine Maria *(vedi pag. 113)*

Preghiere finali *(vedi pagg. 77-83)*

Misteri della luce

(giovedì)

«Maria è madre, e una madre si preoccupa soprattutto della salute dei suoi figli, sa curarla sempre con grande e tenero amore. La Madonna custodisce la nostra salute. Che cosa vuol dire questo, che la Madonna custodisce la nostra salute? Penso soprattutto a tre aspetti: ci aiuta a crescere, ad affrontare la vita, a essere liberi» (Papa Francesco).

❶ Il battesimo di Gesù al Giordano

Ed ecco, in quei giorni, Gesù venne da Nàzaret di Galilea e fu battezzato nel Giordano da Giovanni. E subito, uscendo dall'acqua, vide squarciarsi i cieli e lo Spirito discendere verso di lui come una colomba (Mc 1,9-10).

La Chiesa ci dona la vita di fede nel Battesimo: quello è il momento in cui ci fa nascere come figli di Dio, il momento in cui ci dona la vita di Dio, ci genera come madre. Il legame è vitale, come quello che si ha con la propria mamma, perché, come afferma sant'Agostino, «la Chiesa è realmente madre dei cristiani». Chiediamoci:

come vedo io la Chiesa? Se sono riconoscente anche ai miei genitori perché mi hanno dato la vita, sono riconoscente alla Chiesa perché mi ha generato nella fede attraverso il Battesimo? Quanti cristiani ricordano la data del proprio Battesimo? Ma la data del Battesimo è la data della nostra nascita alla Chiesa, la data nella quale la nostra mamma Chiesa ci ha partorito! Cercate bene qual è la data del vostro Battesimo, e questo per festeggiarla, per ringraziare il Signore di questo dono. Lo farete? Amiamo la Chiesa come si ama la propria mamma, sapendo anche comprendere i suoi difetti.

❷ Le nozze di Cana

[Vi fu una festa di nozze a Cana di Galilea e] venuto a mancare il vino, la madre di Gesù gli disse: «Non hanno vino». E Gesù le rispose: «Donna, che vuoi da me? Non è ancora giunta la mia ora». Sua madre disse ai servitori: «Qualsiasi cosa vi dica, fatela» (Gv 2,3-5).

Siamo venuti a bussare alla porta della casa di

Maria. Lei ci ha aperto, ci ha fatto entrare e ci mostra suo Figlio. Ora ci chiede: «Qualsiasi cosa vi dica, fatela». Sì, Madre, noi ci impegniamo a fare quello che Gesù ci dirà! E lo faremo con speranza, fiduciosi nelle sorprese di Dio e pieni di gioia.

❸ L'annuncio del regno di Dio

Gesù andò nella Galilea, proclamando il vangelo di Dio, e diceva: «Il tempo è compiuto e il regno di Dio è vicino; convertitevi e credete nel Vangelo» (Mc 1,14-15).

Condividere l'esperienza della fede, testimoniare la fede, annunciare il Vangelo è il mandato che il Signore affida a tutta la Chiesa, anche a te; è un comando che, però, non nasce dalla volontà di dominio, dalla volontà di potere, ma dalla forza dell'amore, dal fatto che Gesù per primo è venuto in mezzo a noi e ci ha dato tutto se stesso, egli ha dato la sua vita per salvarci e mostrarci l'amore e la misericordia di Dio. Gesù non ci tratta da schiavi, ma da persone libere, da amici, da fratelli; e non solo ci invia, ma ci accompagna, è sempre accanto a noi in questa missione d'amore. Dove ci invia Gesù? Non ci sono confini, non ci sono limiti: ci invia a tutti. Il Vangelo è per tutti e non per alcuni. Non è solo per quelli che ci sembrano più vicini, più ricettivi, più accoglienti. È per tutti. Non abbiate paura di andare e portare Cristo in ogni ambiente, fino alle periferie esistenziali, anche a chi sembra più lontano, più indifferente. Il Signore cerca tutti, vuole che tutti sentano il calore della sua misericordia e del suo amore.

❹ La trasfigurazione di Gesù

Gesù prese con sé Pietro, Giovanni e Giacomo e salì sul monte a pregare. Mentre pregava, il suo volto cambiò d'aspetto e la sua veste divenne candida e sfolgorante (Lc 9,28-29).

Predichiamo il Vangelo con l'esempio, poi con le parole! Prima di tutto è nella nostra vita che gli altri devono poter leggere il Vangelo! Anche qui senza timore, con i nostri difetti che cerchiamo di correggere, con i nostri limiti che il Signore conosce, ma anche con la nostra generosità nel lasciare che lui agisca in noi.

❺ L'istituzione dell'Eucaristia

«Prendete, mangiate: questo è il mio corpo». Poi prese il calice, rese grazie e lo diede loro, dicendo: «Bevetene tutti, perché questo è il mio sangue dell'alleanza, che è versato per molti per il perdono dei peccati» (Mt 26,26-28).

Lontano da Dio il vino della gioia, il vino della speranza, si esaurisce. Se ci avviciniamo a lui, se rimaniamo con lui, ciò che è difficoltà, ciò che è peccato, si trasforma in vino nuovo di amicizia con lui. Dio riserva sempre il meglio per noi. Ma chiede che noi ci lasciamo sorprendere dal suo amore, che accogliamo le sue sorprese. Fidiamoci di Dio!

Salve Regina e Litanie alla beata Vergine Maria *(vedi pag. 113)*

Preghiere finali *(vedi pagg. 77-83)*

Misteri del dolore

(martedì e venerdì)

«Gesù Cristo, con la sua passione, morte e risurrezione, ci porta la salvezza, ci dona la grazia e la gioia di essere figli di Dio, di chiamarlo in verità con il nome di Padre» (Papa Francesco).

❶ L'agonia di Gesù nell'orto degli Ulivi

Entrato nella lotta, pregava più intensamente, e il suo sudore diventò come gocce di sangue che cadono a terra (Lc 22,44).

In ogni fratello e sorella in difficoltà noi abbracciamo la carne sofferente di Cristo. Abbiamo tutti bisogno di guardare l'altro con gli occhi di amore di Cristo, imparare ad abbracciare chi è nel bisogno, per esprimere vicinanza, affetto, amore. Ma abbracciare non è sufficiente. Tendiamo la mano a chi è in difficoltà, a chi è caduto nel buio della dipendenza, magari senza sapere come, e diciamogli: «Puoi rialzarti, puoi risalire; è faticoso, ma è possibile, se tu lo vuoi».

❷ La flagellazione di Gesù

Allora Pilato fece prendere Gesù e lo fece flagellare (Gv 19,1).

Un cristiano prima di chiacchierare deve mordersi la lingua. Voi non sapete quanto le chiacchiere fanno male, quanto feriscono. Meglio mordersi la lingua; quello ci farà bene: la lingua si gonfia e non si può parlare, così non si possono fare chiacchiere. Ogni volta che noi giudichiamo i nostri fratelli nel nostro cuore e peggio quando ne parliamo di questo con gli altri siamo cristiani omicidi. Un cristiano omicida… Non lo dico io, eh?, lo dice il Signore. E su questo punto, non c'è posto per le sfumature. Se tu parli male del fratello, uccidi il fratello. E noi, ogni volta che lo facciamo, imitiamo quel gesto di Caino, il primo omicida della storia.

❸ La coronazione di spine di Gesù

[I soldati] intrecciarono una corona di spine, gliela posero sul capo e gli misero una canna nella mano destra (Mt 27,29).

La cosa più importante è camminare insieme, collaborando, aiutandosi a vicenda; chiedersi scusa, riconoscere i propri sbagli e chiedere perdono, ma anche accettare le scuse degli altri perdonando – quanto è importante questo! Alle volte penso ai matrimoni che dopo tanti anni si separano. «Eh... no, non ci intendiamo, ci siamo allontanati». Forse non hanno saputo chiedere scusa a tempo. Forse non hanno saputo perdonare a tempo. E sempre, ai novelli sposi, io do questo consiglio: «Litigate quanto volete. Se volano i piatti, lasciateli. Ma mai finire la giornata senza fare la pace! Mai!». E se i matrimoni imparano a dire: «Ma, scusa, ero stanco», o soltanto un gestino: è questa la pace; e riprendere la vita il giorno dopo. Questo è un bel segreto, e questo evita queste separazioni dolorose. Quanto è importante camminare uniti, senza fughe in avanti, senza nostalgie del passato. E mentre si cammina si parla, ci si conosce, ci si racconta gli uni agli altri, si cresce nell'essere famiglia. Qui chiediamoci: come camminiamo? Camminiamo insieme? E che cosa faccio io perché essa cammini veramente insieme?

❹ La salita di Gesù al Calvario con la croce

Allora lo consegnò loro perché fosse crocifisso. Essi presero Gesù ed egli, portando la croce, si avviò verso il luogo detto del Cranio, in ebraico Gòlgota (Gv 19,16-17).

Dove c'è la croce, per noi cristiani c'è la speranza, sempre. Se non c'è la speranza, noi non siamo cristiani. Per questo a me piace dire: non lasciatevi rubare la speranza. Che non ci rubino la speranza, perché questa forza è una grazia, un dono di Dio che ci porta avanti guardando il cielo.

❺ La crocifissione e morte di Gesù

Uno dei soldati con una lancia gli colpì il fianco, e subito ne uscì sangue e acqua (Gv 19,34).

Il Crocifisso non ci parla di sconfitta, di fallimento; paradossalmente ci parla di una morte che è vita, che genera vita, perché ci parla di amore, perché è l'Amore di Dio incarnato, e l'Amore non muore, anzi, sconfigge il male e la morte. Chi si lascia guardare da Gesù crocifisso viene ri-creato, diventa una "nuova creatura". Da qui parte tutto: è l'esperienza della grazia che trasforma, l'essere amati senza merito, pur essendo peccatori.

Salve Regina e Litanie alla beata Vergine Maria *(vedi pag. 113)*

Preghiere finali *(vedi pagg. 77-83)*

Misteri della gloria

(mercoledì e domenica)

«La Vergine santa ha fatto della sua esistenza un incessante e prezioso dono a Dio, perché amava il Signore. Maria è un esempio e uno stimolo per tutti noi a vivere la carità verso il prossimo, non per una sorta di dovere sociale, ma partendo dall'amore di Dio, dalla carità di Dio. Maria è quella che ci porta a Gesù e ci insegna come andare da Gesù; è la Madre di Gesù e nostra e fa famiglia, con noi e con Gesù» (Papa Francesco).

❶ La risurrezione di Gesù

L'angelo disse alle donne: «Voi non abbiate paura! So che cercate Gesù, il crocifisso. Non è qui. È risorto» (Mt 28,5-6).

Il cristiano è gioioso, non è mai triste. Dio ci accompagna. A tutti voi vorrei ripetere: non lasciatevi rubare la speranza! Non lasciatevi rubare la speranza! Ma vorrei dire anche: non rubiamo la speranza, anzi diventiamo tutti portatori di speranza!

❷ L'ascensione di Gesù

Il Signore Gesù, dopo aver parlato con loro, fu elevato in cielo e sedette alla destra di Dio (Mc 16,19).

Gesù ci ha mostrato che il volto di Dio è quello di un Padre che ci ama. Il peccato e la morte sono stati sconfitti. Il cristiano non può essere pessimista! Non ha la faccia di chi sembra trovarsi in un lutto perpetuo. Se siamo davvero innamorati di Cristo e sentiamo quanto ci ama, il nostro cuore si "infiammerà" di una gioia tale che contagerà quanti vivono vicino a noi. Come diceva Benedetto XVI: «Il discepolo è consapevole che senza Cristo non c'è luce, non c'è speranza, non c'è amore, non c'è futuro».

❸ La discesa dello Spirito Santo

Apparvero loro lingue come di fuoco, che si dividevano, e si posarono su ciascuno di loro, e tutti furono colmati di Spirito Santo (At 2,3-4).

Siamo aperti noi allo Spirito Santo? Ci lasciamo guidare da lui? Il cristiano è un uomo spirituale, e questo non significa che sia una persona che vive “nelle nuvole”, fuori della realtà, come se fosse un fantasma. No! Il cristiano è una persona che pensa e agisce nella vita quotidiana secondo Dio, una persona che lascia che la sua vita sia animata, nutrita dallo Spirito Santo perché sia piena, da veri figli. E questo significa realismo e fecondità. Chi si lascia condurre dallo Spirito Santo è realista, sa misurare e valutare la realtà, ed è anche fecondo: la sua vita genera vita attorno a sé.

❹ L’assunzione di Maria al cielo

Grandi cose ha fatto per me l’Onnipotente e Santo è il suo nome (Lc 1,49).

Il Signore vi è vicino e vi tiene per mano. Guardate a lui nei momenti più duri e vi darà consolazione e speranza. E confidate anche nell’amore materno di Maria sua Madre. Abbiamo una Madre che sempre intercede per la vita dei suoi figli, per noi.

❺ L'incoronazione di Maria

Un segno grandioso apparve nel cielo: una donna vestita di sole, con la luna sotto i suoi piedi e, sul capo, una corona di dodici stelle (Ap 12,1).

Tenete sempre la Madonna con voi, pregate il Rosario, per favore… Non lasciatelo! Tenete sempre la Madonna con voi nella vostra casa, come la teneva l'apostolo Giovanni. Lei sempre vi accompagni e vi protegga. E pregate anche per me, perché anche io ho bisogno di preghiere, perché sono un povero peccatore, però andiamo avanti.

Salve Regina e Litanie alla beata Vergine Maria *(vedi pag. 113)*

Preghiere finali *(vedi pagg. 77-83)*

Salve Regina

Salve, Regina, Madre di misericordia, vita, dolcezza e speranza nostra, salve. A te ricorriamo, esuli figli di Eva; a te sospiriamo, gementi e piangenti in questa valle di lacrime. Orsù dunque, avvocata nostra, rivolgi a noi gli occhi tuoi misericordiosi. E mostraci, dopo questo esilio, Gesù, il frutto benedetto del tuo seno. O clemente, o pia, o dolce Vergine Maria.

Litanie alla beata Vergine Maria

Signore, pietà	**Signore, pietà**
Cristo, pietà	**Cristo, pietà**
Signore, pietà	**Signore, pietà**
Cristo, ascoltaci	**Cristo, ascoltaci**
Cristo, esaudiscici	**Cristo, esaudiscici**
Padre del cielo, che sei Dio	**abbi pietà di noi**
Figlio, Redentore del mondo, che sei Dio	”
Spirito Santo, che sei Dio	”
Santa Trinità, unico Dio	”

Santa Maria	**prega per noi**
Santa Madre di Dio	”
Santa Vergine delle vergini	”
Santa Sposa del giusto Giuseppe	”
Madre di Cristo	”
Madre della Chiesa	”
Madre della divina grazia	”
Madre purissima	”
Madre castissima	”
Madre sempre vergine	”
Madre immacolata	”
Madre degna d’amore	”
Madre ammirabile	”
Madre del buon consiglio	”
Madre del Creatore	”
Madre del Salvatore	”
Vergine prudente	”
Vergine degna di onore	”

Vergine degna di lode	**prega per noi**
Vergine potente	”
Vergine clemente	”
Vergine fedele	”
Specchio di perfezione	”
Sede della Sapienza	”
Fonte della nostra gioia	”
Tempio dello Spirito Santo	”
Tabernacolo dell’eterna gloria	”
Dimora consacrata a Dio	”
Rosa mistica	”
Torre della santa città di Davide	”
Fortezza inespugnabile	”
Santuario della divina presenza	”
Arca dell’alleanza	”
Porta del cielo	”
Stella del mattino	”
Salute degli infermi	”

Rifugio dei peccatori	**prega per noi**
Consolatrice degli afflitti	"
Aiuto dei cristiani	"
Regina degli angeli	"
Regina dei patriarchi	"
Regina dei profeti	"
Regina degli apostoli	"
Regina dei martiri	"
Regina dei confessori della fede	"
Regina delle vergini	"
Regina di tutti i santi	"
Regina concepita senza peccato	"
Regina assunta in cielo	"
Regina del Rosario	"
Regina della famiglia	"
Regina della pace	"

Agnello di Dio, che togli i peccati del mondo,
perdonaci, Signore.

Agnello di Dio, che togli i peccati del mondo,
esaudiscici, Signore.

Agnello di Dio, che togli i peccati del mondo,
abbi pietà di noi.

Prega per noi, santa Madre di Dio,
perché siamo resi degni delle promesse di Cristo.

Preghiamo
O Dio, il tuo unico Figlio ci ha procurato i beni della salvezza eterna con la sua vita, morte e risurrezione: a noi che, con il santo Rosario della beata Vergine Maria, abbiamo meditato questi misteri, concedi di imitare ciò che essi contengono e di raggiungere ciò che essi promettono. Per Cristo nostro Signore. **Amen.**

Maria che scioglie i nodi

Chiesa di Sankt Peter Am Perlach - Asburgo (Germania)

Altre preghiere a Maria che scioglie i nodi

Preghiera a Maria che scioglie i nodi

Con l'imprimatur dell'allora arcivescovo di Buenos Aires monsignor Bergoglio.

Santa Maria, piena della Presenza di Dio, durante i giorni della tua vita accettasti con tutta umiltà la volontà del Padre, e il maligno mai fu capace di imbrogliarti con le sue confusioni. Già insieme a tuo Figlio intercedesti per le nostre difficoltà e con tutta semplicità e pazienza ci desti un esempio di come dipanare la matassa delle nostre vite. E rimanendo per sempre come Madre nostra, poni in ordine e fai più chiari i legami che ci uniscono al Signore.

Santa Maria, Madre di Dio e Madre nostra, tu che con cuore materno sciogli i nodi che stringono la nostra vita, ti chiediamo di ricevere nelle tue mani... e che ci liberi dai legacci e dalle confusioni con cui ci tormenta colui che è nostro nemico.

Per tua grazia, per tua intercessione, con il tuo esempio liberaci da ogni male, Signora nostra, e sciogli i nodi che impediscono di unirci a Dio affinché, liberi da ogni confusione ed errore, possiamo incontrarlo in tutte le cose, possiamo tenere riposti in lui i nostri cuori e possiamo servirlo sempre nei nostri fratelli. **Amen.**

Supplica a Maria che scioglie i nodi
pregata su Tv2000

Santa Maria, Madre di Dio, tu che sei stata donna e madre, tu che hai risposto a Dio: «Sia fatta la tua volontà», infondi in noi la tua forza, la forza della tua fede e del tuo amore.

Vergine Maria, oggi vengo a te con il cuore pieno di sofferenze. Vengo a dolermi per le mie sofferenze fra le braccia della Madre che ci ascolta sempre, che sopporta tutto, che crede tutto. È per questo che ricorro a te, Maria, Madre mia: liberami e togli i nodi che mi impediscono di essere felice, di avvicinarmi a te e a tuo Figlio.

La mia preghiera trasformi il mio cuore di pietra e mi permetta di sperare in un mondo migliore e più generoso.

Maria, tu che sciogli i nodi, ascolta la mia preghiera. **Amen.**

Tu sei colei che scioglie tutti i nostri nodi

mons. Marco Frisina

Santa Maria, Madre di Dio e Vergine piena di grazia, tu sei colei che scioglie tutti i nostri nodi! Con le tue mani piene dell'amore di Dio tu sciogli, come se fossero dei nodi, gli ostacoli lungo il nostro cammino, i quali, nelle tue mani, diventano come un nastro diritto, come un sentiero spianato dall'amore di Dio!

O santa ammirabile Vergine e Madre, sciogli tutti i nodi che noi stessi ci siamo fatti a causa della nostra ostinazione, e anche tutti i nodi che ostacolano il nostro cammino.

Illuminali con la luce dei tuoi occhi affinché diventino trasparenti, cosicché noi, pieni di gratitudine, possiamo sciogliere con le tue mani ciò che a noi sembra impossibile!

O Maria, tu che sciogli i nodi, sii tu la nostra cara Madre, prendi le nostre mani e rendile docili e piene della tua forza, affinché le tue mani attraverso le nostre portino pace conforto e aiuto! **Amen.**

Supplica a Maria che scioglie i nodi

O Vergine immacolata, Vergine benedetta, tu sei la dispensatrice universale di tutte le grazie di Dio. Sei la speranza di ogni uomo e la mia speranza. Ringrazio sempre e in ogni momento il mio amato Signore Gesù, che mi ha permesso di conoscerti e mi ha fatto capire come posso ricevere le grazie divine ed essere salvato. Questo modo sei tu stessa, augusta Madre di Dio, perché so, grazie principalmente ai meriti di Gesù Cristo, e poi alla tua intercessione, che io posso raggiungere la salvezza eterna.

O mia Signora, che sei stata così sollecita nel

visitare Elisabetta per santificarla, ti prego, affrettati a venire a visitare la mia anima. Meglio di me, tu sai quanto sia misera e quanti mali l'affliggono: affezioni sregolate, cattive abitudini, peccati commessi e tante gravi malattie che possono solo portarla alla morte eterna. Solo da te dipende guarire la mia anima da tutte le sue infermità e sciogliere tutti i nodi che l'affliggono. Prega per me, o Vergine Maria, e raccomandami al tuo divin Figlio. Meglio di me tu conosci le mie miserie e i miei bisogni.

O Madre mia e dolce Regina, prega per me il tuo Figlio divino e ottienimi di ricevere le grazie che mi sono più necessarie ed essenziali per la mia salvezza eterna. Io mi abbandono completamente a te. Le tue preghiere non sono mai state respinte da lui: sono le preghiere di una Madre al suo Figlio; e questo Figlio ti ama così tanto, che egli fa tutto ciò che tu desideri al fine di aumentare la tua gloria e di testimoniare il grande amore che egli prova per te.

«O Madonna fermiamoci lì: mi affido pienamente corpo e anima a te; e tu preoccupati della mia salvezza. Così sia» (Sant'Alfonso Maria de Liguori).

Alla Madre del buon consiglio

Pio XII

Vergine santa, ai cui piedi ci conduce la nostra affannosa incertezza nella ricerca e nel conseguimento del vero e del bene per invocarti col dolce titolo di Madre del buon consiglio, vieni, te ne preghiamo, in nostro soccorso, mentre, per le vie del mondo, le tenebre dell'errore e del male congiurano alla nostra rovina, fuorviando le menti e i cuori.

Tu, sede della sapienza e stella del mare, dà lume ai dubbiosi e agli erranti, affinché i falsi beni non li seducano; rendili saldi contro le forze ostili e corruttrici delle passioni e del peccato. Ottieni per noi, o Madre del buon consiglio, dal tuo divino Figlio, l'amore della virtù, e negli incerti e difficili passi, la forza di abbracciare ciò che conviene alla nostra salvezza. Se la tua mano ci sorregge, cammineremo incolumi per i sentieri segnatici dalla vita e dalle parole del Redentore Gesù; e dopo aver seguito liberi e sicuri, pur nelle lotte terrene, sotto la tua materna stella, il Sole della verità e della giustizia, godremo con te nel porto della salute la piena ed eterna pace. **Amen.**

Litanie alla Madonna del buon consiglio

Signore, pietà — **Signore, pietà**
Cristo, pietà — **Cristo, pietà**
Signore, pietà — **Signore, pietà**
Santa Maria Vergine, nostra Madre,
proteggici e consigliaci
Figlia dilettissima dell'Eterno Padre ”
Madre augusta del Figlio di Dio ”
Divina Sposa dello Spirito Santo ”
Tempio vivente della Santissima Trinità ”
Regina del cielo e della terra ”

Sede della divina sapienza

proteggici e consigliaci

Depositaria dei segreti dell'Altissimo ”

Vergine prudentissima ”

Nelle nostre perplessità e nei nostri dubbi ”

Nelle nostre angosce
e nelle nostre tribolazioni ”

Nei nostri affari e nelle nostre imprese ”

Nei pericoli e nelle tentazioni
nei combattimenti contro il demonio,
il mondo e la carne ”

Nei nostri scoraggiamenti ”

In tutti i nostri bisogni ”

Nell'ora della nostra morte ”

Per la tua immacolata concezione
e felice natività ”

Per la tua benedetta visitazione e divina
maternità ”

Per la tua santa purificazione e i dolori
e le angosce del tuo materno Cuore ”

Per la tua preziosa morte e trionfale assunzione
proteggici e consigliaci

Agnello di Dio, che togli i peccati del mondo,
perdonaci, Signore.

Agnello di Dio, che togli i peccati del mondo,
esaudiscici, Signore.

Agnello di Dio, che togli i peccati del mondo,
abbi pietà di noi.

Prega per noi, santa Madre di Dio,
perché siamo resi degni delle promesse di Cristo.

Preghiamo
O Dio, che ci hai dato per Madre la Madre del tuo dilettissimo Figlio e ti sei degnato di glorificare l'immagine di lei mediante un'apparizione miracolosa, accordaci, ti supplichiamo, che seguendo sempre i suoi consigli possiamo vivere secondo il tuo Cuore e raggiungere la celeste patria. Per Cristo nostro Signore. **Amen.**

TOTUS TUUS

"La Vergine santa è il mezzo del quale nostro Signore si è servito per venire sino a noi, ed è anche il mezzo di cui noi dobbiamo servirci per andare a Lui...
Se, dunque, noi stabiliamo la solida devozione della santissima Vergine, ciò è solo per stabilire più perfettamente quella di Gesù Cristo, è solo per dare un mezzo facile e sicuro per trovare Gesù Cristo. Se la devozione alla santissima Vergine allontanasse da Gesù Cristo, bisognerebbe rigettarla come un'illusione del diavolo.
È, però, esattamente il contrario: questa devozione è necessaria proprio per trovare Gesù Cristo perfettamente, amarlo teneramente e servirlo fedelmente".

San Luigi Maria Grignion de Montfort, *Trattato della vera devozione a Maria*